Johann Dieckmann

Konfliktregulierung durch Dialoge

Johann Dieckmann

Konfliktregulierung durch Dialoge

Orientierungshilfen für die soziale Arbeit

Lambertus

CIP-Titelaufnahme der Deutschen Bibliothek

Dieckmann, Johann:
Konfliktregulierung durch Dialoge: Orientierungshilfen für die soziale Arbeit/Johann Dieckmann. –
Freiburg im Breisgau:
Lambertus, 1989
ISBN 3-7841-0422-3

Umschlaggestaltung: Christa Berger, Solingen
Umschlagfoto: Christoph Maas, Solingen
Herstellung: Druckerei Rebholz, Freiburg im Breisgau
ISBN 3-7841-0422-3

Inhalt

7. Kapitel

8. Kapitel

Einleitung

Im Regelfall sind in sozialen Gruppen und Organisationen die in Übereinstimmung erzielten Handlungen sowie ihr Zusammenhalt unauflöslich vermischt mit auseinanderstrebenden Richtungen. Konflikte und Widersprüche sind nicht „krankhafte" Erscheinungen, die man als ungeeignet aussondern muß. Sie müssen vielmehr als zum sozialen Gefüge gehörige Bestandteile angesehen und durchgestanden werden. Damit besteht noch kein Anlaß, Auseinandersetzungen positiv zu bewerten oder gar zu verherrlichen. Das „Parteiengezänk" insbesondere vor politischen Wahlen ist für viele Bürger wenig anziehend. Daher müssen Wege und Mittel gefunden werden, die den Umgang mit Widersprüchen und Konflikten erleichtern. Die Polaritäten von Harmonie und Disharmonie, Liebe und Haß sind letztlich als ein Leben zu begreifen. Den Erziehungswissenschaften fällt die Aufgabe zu, Formen der Erziehung zu entwickeln, die das Hineinwachsen der Kinder und Jugendlichen in die konfliktreiche Industriegesellschaft (vgl. Furck) ermöglichen. Konflikte können vielfach nicht aus der Welt geschafft und gelöst werden. Daher müssen sich erziehungswissenschaftliche und allgemeinpolitische Bemühungen auf die Fortentwicklung der Methoden zur Regulierung von Widersprüchen und Konflikten richten. Der Begriff Regulierung erhält gegenüber dem Wort Regelung den Vorzug. In ihm kommt das aktive Bemühen um das Ertragen und Durchstehen von Konflikten am besten zur Geltung.

Die vorliegende Studie möchte Orientierungshilfen für unterschiedliche Altersstufen und soziale Gruppen geben. Sie geht von der Wertvoraussetzung aus: Die konstruktive Behandlung von Widersprüchen und Konflikten kann am besten durch Dialoge erfolgen. Der klärende Dialog entspricht dem rationalen Grundzug unserer wissenschaftsorientierten Gesellschaft. Die dialogische Konfliktregulierung beruht auf einer weiteren Wertvoraussetzung: Gewaltsame Formen der Konfliktbewältigung entsprechen nicht dem Bestreben, die menschlichen Verhältnisse nach den Maßstäben der Freiheit und Vernunft einzurichten. Unterschiedliche Interessen und Wertorientierungen können letztlich nur durch Dialoge abgeklärt werden.

Konfliktregulierende Dialoge sind auf allen Ebenen der Kommunikation geeignete Mittel zur Überwindung von schwierigen Situationen. Zugleich sind sie Bausteine im konstruktiven Vollzug der ständigen Weiterentwicklung der gesellschaftlichen Wirklichkeit.
Die Studie enthält Skizzen typischer Verlaufsformen konfliktregulierender Dialoge. Sie befaßt sich mit verschiedenen Erfordernissen und Auswirkungen des Konfliktgesprächs. Einen wichtigen Stellenwert nehmen die handlungstheoretischen Gesichtspunkte des Dialogs ein. Insbesondere für die Konfliktregulierung in den kleineren Gruppen sind die sozialpsychologischen und psychoanalytischen Bezugsfelder des Dialogs von Bedeutung, z. B. die Projektion und die Neutralisierung. Die kommunikationstheoretischen Gesichtspunkte interessieren im Hinblick auf Mitteilung, Information, Zuhören sowie Verarbeitung der Mitteilung. Eine Ziellinie ist z. B. die Verminderung kognitiver Dissonanzen (d. h. der Widersprüche zwischen dem Wissen und Tun eines Menschen) durch Dialoge. Konfliktregulierende Dialoge enthalten auch systemtheoretische Perspektiven. Sie kommen zum Ausdruck in den Formen der Über- und Unterordnung, der Gleichgewichtsveränderungen als Folge der Gespräche, der Konfrontation unterschiedlicher Einstellungen, der Gruppendiskussion, der Podiumsdiskussion, der systemischen Methode der Familientherapie. Dialektische Impulse erhält die Methodik des konfliktregulierenden Dialogs durch die Sokratische Hebammenkunst des Gesprächs, Hegels logischen Ansatz zur Behandlung von Widersprüchen, Adornos Begriff der „Negativen Dialektik". Auch interaktionistische und alltagstheoretische Denkformen bestimmen den Aufbau konfliktregulierender Dialoge, z. B. in Form der Drohung, die im Alltag häufig vorkommt. Der Methode der Konfliktregulierung durch Dialoge sind auch Grenzen des Erfolgs gesetzt. Es gibt verschiedene Formen von Blockaden bei einer Konfliktregulierung durch Gespräche: fehlende Kompromißbereitschaft, völlig unterschiedliche Wertpositionen usw.
Als Gegenstand des sozialen Lernens gehört die gezielte Unterweisung in Konfliktregulierung durch Dialoge mehr oder weniger ausdrücklich in das Lernangebot der weiterführenden Bildungseinrichtungen in Verbindung mit den Fachgebieten Deutsch, Wirtschaft und Politik, Staatsbürgerkunde, Sozialkunde, Geschichte. Einen wichtigen Stellenwert nimmt die Beratung über Möglichkeiten der Kon-

fliktregulierung in der Sozialarbeit und Sozialpädagogik ein; besonders in der Familienberatung und -therapie, in Sozial- und Jugendämtern, in der Verbandsarbeit, Psychiatrie, forensischen Sozialarbeit und Drogenarbeit sowie bei der Personalführung im Betrieb. Für die genannten Formen der Sozialarbeit reichen Informationen über erfolgreiches Verhandeln oder Mechanismen der Dialogführung und Wortwahl nicht aus; erforderlich sind darüber hinaus Kenntnisse von sozialen Gruppen und Organisationen.

1. Kapitel

Über die Begriffe Konflikt und Antagonismus

Der konfliktregulierende Dialog ist eine der Erscheinungsformen des weltweiten sozialen Tatbestandes *Konflikt*. Das lateinische Wort *fligo* besagt: ich schlage; ich schlage an. Dementsprechend bedeutet *confligo*: ich schlage zusammen; ich stoße zusammen; ich gerate aneinander; ich kämpfe; ich streite. In F. A. Heinichens Lateinisch-deutschem Schulwörterbuch (1931) werden die Bedeutungen aneinandergeraten; kämpfen; streiten besonders betont. Der Begriff *conflicto* bedeutet: ich nehme hart mit; ich schlage zusammen; ich suche heim; ich schlage mich herum; ich kämpfe. Das Hauptwort *conflictus* meint: Zusammenschlagen; Zusammenstoß.

Die geschichtliche Herkunft des Konfliktbegriffs deutet auf eine Skala verschiedener Grade der Auseinandersetzung. Die Spannweite des Begriffs reicht vom Streiten und Aneinandergeraten als milder Form des Konflikts bis zum Zusammenschlagen und Heimsuchen. Von der sprachhistorischen Begriffsbedeutung her bewegt sich ein Konflikt sowohl auf der rationalen Ebene im Sinne des antagonistischen Dialogs und der streitenden Auseinandersetzung (Dissertation) als auch auf der körperlichen Ebene des Kampfes und Zusammenschlagens. Konflikt deutet auf die durch Kommunikation unterschiedlicher Art und unterschiedlichen Grades übermittelte Existenz von Gegensätzlichem, Widerstreitendem, Antagonistischem, Widersprüchlichem. Konfliktfreie Gesellschaften existieren nur im utopischen Bereich und in Ausnahmesituationen. Im Regelfall bestehen soziale Systeme gleichzeitig aus assoziierenden und dissoziierenden Impulsen, aus Harmonie und Konflikt. Anziehungen und Abstoßungen stehen in einem Verhältnis der Balance zueinander, das nicht immer ein Gleichgewicht ausmacht. Sofern die kommunizierten Unterschiede oder Gegensätze mehr oder weniger rational zu einem Kompromiß oder zu einer bedingten Einheit etwa im Sinne einer Koalition unter den politischen Parteien oder den Familienmitgliedern zusammengefügt werden können, gilt der Konflikt dem Alltagsverständnis allgemein als akzeptabel, zumal die Abschaffung des

Konflikts nicht als reale Möglichkeit anzusehen ist. Sofern der Streit eine zerstörerische und rundum dysfunktionale Form annimmt, widerspricht er der Entfaltung der Menschenwürde sowie den Maßstäben der Vernunft und muß daher eindeutig abgelehnt werden. Der Leitspruch „Der Krieg ist der Vater aller Dinge" ist daher nicht mit den Regeln einer rational orientierten Konfliktregulierung vereinbar und mit Entschiedenheit zu verwerfen. Konfliktregelung ist letztlich nur als rationale Form der Kommunikation zulässig.

Die ursprüngliche Bedeutung des Begriffs Konflikt erstreckt sich sowohl auf die rationale wie auf die gewaltsame Konfliktregelung. Sie suggeriert den Entwurf einer umfassenden Konflikttheorie, die beide hier angedeuteten Tendenzen konfliktregulierender Interaktionen einschließt. C. F. Fink definiert einen sozialen Konflikt als jede soziale Situation und jeden sozialen Prozeß, in dem zwei oder mehr soziale Einheiten wenigstens durch eine Form antagonistischer Interaktion miteinander verbunden sind (zitiert nach Krysmanski 1971, 19). Fink definiert den Konflikt ferner als eine Form antagonistischer psychologischer Beziehung. Diese Definition des Konflikts wirft die Frage auf, ob es sinnvoll ist, den Terminus „psychologisch" über die Befindlichkeit des Individuums hinaus auf Paare, Gruppen und Organisationen auszudehnen. Da die Zusammensetzung von Paaren und Gruppen wechselt und Individuen immer nur mit einem Ausschnitt ihrer personalen Einheit am Gruppenleben beteiligt sind, müssen soziale Systeme als Assoziierungen eigener Art (sui generis) im Sinne E. Durkheims begriffen werden. Folglich ist der soziale Konflikt eine besondere Form der sozialen Interaktion, in der unterschiedliche Auffassungen, Einstellungen, Glaubens- und Wertorientierungen durch Kommunikation unter den sich widersprechenden sozialen Systemen ausgetragen werden. Soziale Systeme erwarten von ihren Mitgliedern ein gewisses Maß an Integration und Identifikation – eine Leistung, die in unterschiedlichen Graden der Perfektion auch tatsächlich vollbracht wird. Mit dem Vollzug dieser Integration des einzelnen in die Systeme werden die im Gefüge des jeweiligen Systems angesiedelten Widersprüche und Konflikte in Prozessen der Wechselwirkung auf die Individuen übertragen. Das heißt: Die Ausstrahlungen der unter anderem auch mit Widersprüchen und Konflikten angereicherten sozialen Systeme auf die Individuen können intrapsychische Konflikte hervorrufen. Ein Beispiel hierfür ist der Einwanderer, der sich einerseits nach wie vor mit der Kultur seines früheren Heimatlandes verbunden fühlt und andererseits den Anschluß an die neue Heimat zu gewinnen sucht. Dabei steht er zwischen „zwei Welten" im Sinne der Erforschung der sozialen Situation der randständigen Person (vgl. Stonequist; Park), die unter dem Hin und Her zwischen den unterschiedlichen Welten leidet und dysfunktionale Handlungsformen entwickelt.

Sofern man den sozialen Konflikt als Austausch antagonistisch verstandener verbaler oder nonverbaler Inhalte versteht, wird der Antagonismus zum zentralen Bestandteil des Konflikts. Das klassische griechische Wort *antagonizomai* bedeutet: ich stehe gegen jemanden im Kampf; ich kämpfe gegen einen; ich kämpfe gegen einen vor Gericht; ich wetteifere; ich strebe mit einem wetteifernd dahin, daß . . . Wie der Begriff *Konflikt* ist der klassische Begriff *antagonizomai* in sich vielgestaltig. Auf der Grundlage der Bedeutungen des Terminus Antagonismus läßt sich eine Vielzahl von Bedeutungsnuancen im Sinne einer Skala entwickeln: Zwei oder mehr Interaktionspartner stehen sich im kritisch-widersprechenden Dialog gegenüber; zwei Menschen streiten sich; jemand steht in Opposition zu einer kulturellen Einrichtung: jemand handelt gegen eine Person oder Organisation; jemand führt eine Gruppe von Menschen im Streit gegen etwas an; ich stehe mit einem Konkurrenten im Wettkampf um eine berufliche oder sonstige Position; ich bin Nebenbuhler eines Interaktionspartners im Wettbewerb um die Gunst eines Menschen; ich führe einen Prozeß gegen jemanden; ich gebe als Parteifunktionär die politische Richtung des Streites gegen die anderen politischen Parteien und Organisationen an; ich bekämpfe eine bestimmte wissenschaftliche oder sonstige Position; ich verhalte mich polemisch im Streit gegen etwas; ich verhalte mich gewalttätig gegen andere.

Eine rational orientierte Theorie des Konflikts muß die Vielzahl der antagonistischen Möglichkeiten berücksichtigen, wenn sie sich nicht der Verengung ideologischer Ausnutzung unterstellen will. Daher muß sie etwa die folgenden sozialen Phänomene erfassen: den Dialog, in dem verschiedene Positionen gegeneinander gesetzt werden; den Streit; die Gegnerschaft; die Opposition; die Konkurrenz; den Wetteifer; den Widerspruch; das Widersprechen; die Abwehr gegen Machtausdehnung; die Ausbreitung eines sozialen Elementes innerhalb eines Ganzen mitsamt den sich ergebenden Abwehrmaßnah-

men und Veränderungen im Gesamtsystem; den sozialen Zwang und Druck einschließlich der Folgen für Unterdrücker und Unterdrückte; Phänomene der Unter- und Überordnung (Macht und Herrschaft); Veränderungen als Ergebnisse der Konflikte usw.
Die Harmonie als Kontrapunkt des Konflikts steht am anderen Ende einer Skala der Antagonismen. Ausgedehnte Phasen menschlichen Zusammenlebens sind von akutem Konflikt befreit und verlaufen mehr oder weniger in Harmonie, Konsens, etwa auf der Ebene der stillschweigenden Duldung, des Einverständnishandelns, des Gewohnheitshandelns. Die zahlreichen Abhandlungen über den Konflikt können nicht über die Tatsache hinwegtäuschen, daß es unter den Menschen grundlegende und tragende Phasen der Harmonie und Integration gibt, die im Interesse der Selbsterhaltung der sozialen Gruppe stabilisierend und auch schöpferisch wirken. Der Mannigfaltigkeit der Lebensäußerungen und sozialen Handlungsweisen steht als Entsprechung deren Einheit gegenüber, die den Kontrahenten im Konflikt vielfach die Richtung für das soziale Handeln angibt.
Die von C. F. Fink entworfene Definition des Konflikts enthält das Moment des Verbundenseins mehrerer sozialer Einheiten im Konflikt. Das Verbundensein der Kontrahenten ist in der Situation des Konflikts auf den Antagonismus reduziert. Nach der Beendigung eines akuten Konflikts kann die soziale Interaktion durch ein mehr oder weniger großes Ausmaß an Konsens abgelöst werden, zumal bereits in der Phase des Konflikts eine spätere Phase der Entspannung angelegt ist, da der Konflikt im Regelfall eine Anstrengung erfordert, der man auf Dauer nicht gewachsen ist. Beispiel: Zwei Freunde streiten sich und stimmen nach Beendigung des Antagonismus zunächst stärker überein als im Normalverhalten. Dieser Fall zeigt, daß Konflikt und Konsens unmittelbar ineinander verwoben sind.
Wie C. F. Fink wählt auch R. Dahrendorf einen weiten Konfliktbegriff: „Der Begriff des Konflikts soll zunächst jede Beziehung von Elementen bezeichnen, die sich durch objektive (‚latente') oder subjektive (‚manifeste') Gegensätzlichkeit kennzeichnen läßt" (1972, 23). Die Unterscheidung zwischen verborgenem und offensichtlichem Konflikt ist von Bedeutung für die Beschreibung des Konfliktgesprächs. Das antagonistische Gespräch kann dort stattfinden, wo die Gegensätzlichkeit den betroffenen Personen bewußt ist und wo sie als solche empfunden wird.

2. Kapitel

Konfliktregulierung als pädagogische Aufgabe

Je komplizierter und vielschichtiger ein soziales Gebilde wird, desto größer ist die Wahrscheinlichkeit, daß die zahlreichen Elemente Konflikte zum Ausdruck bringen. Verschiedene systemtheoretische Entwürfe haben gezeigt, daß Widersprüche und Konflikte integrative Bestandteile dieser Systeme selbst sind und nicht etwa aus bestimmten pathologischen Bereichen des Umfeldes der Systeme illegal eingeschleppt worden sind. Nach dem heutigen Stand der intergesellschaftlichen wissenschaftlichen Diskussion ist es nicht mehr möglich, die Existenz von Unterschieden, Widersprüchen und Konflikten in modernen gesellschaftlichen Systemen zu leugnen. Selbst ein so weltbekannter Philosoph und Systemtheoretiker wie Hegel, dem man vielfach nachsagt, er sei der idealistischen Philosophie zuzuordnen, hat realistisch festgestellt, daß jede Bestimmung, jedes Konkrete und jeder Begriff dem Wesen nach eine Einheit unterschiedener und unterscheidbarer Momente ist, die durch den Unterschied in sich widersprechende übergehen. Auch für den klassischen Soziologen und Pädagogen E. Durkheim ist das normabweichende Verhalten normal und trägt zur Weiterentwicklung der Kultur bei. In Fortschreibung des Hegelschen Ansatzes ist auch für N. Luhmann der Widerspruch geeignet, als Alarmsignal und Immunsystem für die laufende Reproduktion und Selbsterhaltung des sozialen Systems zu fungieren. Wenn die sozialen Systeme, seien sie nun klein und überschaubar oder groß, anonym und unüberschaubar, als Folge ihrer Komplexität Widersprüche und Konflikte aus ihrem Gefüge heraus erzeugen, so stehen auch die pädagogischen Einrichtungen vor der Aufgabe, die Bewältigung von Widersprüchen, Unterschiedlichkeiten und Konflikten auf breiter Ebene zum Gegenstand der Schulung zu machen.

VERBALE KONFLIKTREGULIERUNG ALS GEGENSTAND DER SOZIALPÄDAGOGIK

Der Begriff Sozialpädagogik ist nicht nur an den Begriff Konflikt gebunden. Die Intention dieses Fachgebietes liegt darin, Integrationshilfen zu leisten. So ist für Giesecke Sozialpädagogik die Summe aller Maßnahmen, die planbar außerhalb der traditionellen Erziehungsfelder Familie und Schule stattfinden. Furck bemerkt in dem oben bezeichneten Zusammenhang: „Wir müssen der nachwachsenden Generation zu geklärter Einsicht in die Struktur der Gesellschaft und in die Wirklichkeit des Politischen, zu geordnetem Wissen, gefestigtem Können und zur Sicherheit im gesellschaftlich-politischen Verhalten verhelfen" (zitiert nach Rössner 1970, 476). Sozialpädagogik leistet Hilfe zur Integration in und für die Gesellschaft.
Die zunehmende Verknüpfung von Sozialpädagogik und Sozialtherapie ist ein bedeutsames Merkmal gegenwärtiger Entwicklung, die in der Titelformulierung „Von der Fürsorge zur Sozialtherapie" (Schiedeck 1985) zum Ausdruck kommt. Schiedeck zeigt, daß die Problematik der Therapeutisierung der Sozialpädagogik älter ist als vielfach angenommen, „daß wir es zum anderen jedoch nicht lediglich mit einer einseitigen Therapeutisierung von Sozialpädagogik zu tun haben, sondern daß dieser Tendenz eine komplementäre Pädagogisierung von Therapie gegenübersteht" (Schiedeck 1985). Die Studie legt dar, daß die Sozialpädagogik durch mehrere Therapieformen beeinflußt worden ist:
1. Von der Psychoanalyse als einer pädagogisch-therapeutischen Metheode und kritischen Theorie des Subjekts.
2. Von der Verhaltenstherapie als einer sozialtherapeutischen Technologie.
3. Von der humanistischen Psychologie mit dem klientenzentrierten Ansatz und dem Gestaltansatz.

Schiedeck bezeichnet als Handlungsfelder von Sozialtherapie: die Familien- und Systemtherapie, die forensische Sozialtherapie, die Psychiatrie und die Gemeindepsychologie.
Die Ergebnisse der neueren Literatur deuten darauf hin, daß der Begriff Sozialtherapie beschränkt werden sollte auf professionell qualifizierte Verfahren, denen ein problemspezifischer Behandlungsplan

zugrunde liegt. Es kommt auch vor, daß Sozialtherapie für eine höhere Form von Sozialpädagogik gehalten wird. Nach G. Melzer wird Sozialtherapie begriffen „als eine Weiterentwicklung der Methoden der Sozialarbeit, wie sie uns als Einzelfallhilfe, Soziale Gruppenarbeit und Gemeinwesenarbeit bekannt sind, oder als methodische Ansätze wie Familientherapie und klientenzentrierte Gesprächsführung" (zitiert nach Schiedeck 1985, 189). Schiedeck kommt mit Recht zu dem Ergebnis, daß pädagogisch-therapeutische Handlungskompetenz nicht aus vorab kumulierbarem Verfügungswissen entsteht, sondern auf Erfahrungswissen beruht, das erst in der Praxis selbst entsteht.

Verschiedene soziologische Theorieansätze als Grundlagen der Sozialpädagogik

Die hier bezeichnete Fundierung der Sozialpädagogik von verschiedenen theoretischen Leitlinien der Psychologie her bedarf einer Ergänzung durch die Forschungsergebnisse und theoretischen Perspektiven der Soziologie. In diesem Zusammenhang ist die Feststellung interessant, daß in dem 1983 erschienenen 1. Band der „Enzyklopädie Erziehungswissenschaft" (Lenzen/Mollenhauer) unter dem Themenbereich „Interdisziplinäre Beiträge zur Erziehungswissenschaft" eine Reihe von sozialwissenschaftlichen Theorieansätzen behandelt werden, die eine theoretische Verbindung zu der hier vorgelegten Studie über Konfliktregulierung herstellen:

Systemtheorie (Hauke Brunkhorst);
Spieltheorie (Jürgen Henningsen);
Symbolischer Interaktionismus (Micha Brumlik);
Ethnomethodologie (Michael Parmentier);
Ökologie (Theodor Schulze).

Mit diesem einschlägigen Kapitel in Band 1 der „Enzyklopädie Erziehungswissenschaft" wird die Verbindung von Pädagogik und Soziologie verstärkt. In der hier vorliegenden Arbeit über die verbale Konfliktregulierung wird versucht, ähnliche, aber auch andere interdisziplinäre Verbindungen herzustellen. Die funktionalistische Perspektive zielt auf die Beiträge pädagogischer Bemühungen zur Erhaltung und Fortentwicklung sozialer Systeme. Der handlungstheoretische Ansatz setzt beim individuellen und gruppenspezifischen Handeln an, das sich am Handeln anderer orientiert und dementsprechend in seinem Ablauf bestimmt wird. Die sozialpsychologische Perspektive pädagogischen Handelns ist auf die interindividuellen sozialen Beziehungen gerichtet. Die psychoanalytische Orientierung hat den Aufbau der Person mit den unterschiedlichen Tiefenschichten und das individuelle Handeln mit rationalisierenden und auch unbewußten (projizierenden usw.) Komponenten zum Gegenstand. Die kommunikationstheoretischen Aspekte sind auf den Austausch von Mitteilungen gerichtet. Der systemtheoretische Ansatz beschreibt die Strukturen sozialer Systeme, indem er Gruppen, Verbände, Organisationen usw. als System-Einheiten sieht. Pädagogisches Handeln wäre von der jeweiligen Struktur des Systems her zu erklären. Der ergänzende funktionale Aspekt beschreibt die Funktion oder Bedeutung der einzelnen pädagogischen Aktivität für die Reproduktion des Gesamtsystems. In diesem Zusammenhang sind die Begriffe Gleichgewicht und Integration von Bedeutung. Auch der Aspekt der Einheit ist von demjenigen des Systems nicht zu trennen. Die dialektischen Theorien geben der Pädagogik seit der männlichen Hebammenkunst des Sokrates entscheidende Impulse. Dialektik ist bezogen auf die Methode der Negation und das Werden als grundlegenden Orientierungspunkt. Der Symbolische Interaktionismus bezieht das Handeln auf die Bedeutung, welche die Dinge im Interaktionszusammenhang des Handelns erhalten. Diese Bedeutungen werden in einem interpretativen Prozeß gehandhabt. Sie ändern sich durch die Auseinandersetzungen der Handelnden mit den Dingen. Ethnomethodologie ist die Soziologie des Alltagshandelns, die Analyse der Alltagshandlungen, die Beschäftigung damit, wie die Gesellschaft zusammengefügt wird, wie es im Alltag gemacht wird und wie es zu machen ist.

Verbale Konfliktregulierung und soziales Lernen

Das soziale Lernen ist ein Bereich, der alle Menschen angeht. Die Persönlichkeitsbildung und die Sozialisation verlaufen nicht ohne Widersprüche und Konflikte. Möglichkeiten zur Entstehung von

Konflikten ergeben sich auf allen Ebenen des sozialen Lernens, z. B. bei der schrittweisen Überwindung von Angst. Andere Bereiche des sozialen Lernens können hier nur angedeutet werden. Zum sozialen Lernen gehört die Fähigkeit, sich beim Reden auf das Gegenüber einzustellen. Ein weiteres Ziel besteht darin, sich auf einen neuen Beruf oder Job einzustellen, wenn man seinen Arbeitsplatz verliert. Ein anderes Gebiet des sozialen Lernens ist die Fähigkeit, Geduld zu haben und nicht den Mut zu verlieren, wenn man sich in einer schwierigen Lage befindet. Ein wichtiges Ziel des sozialen Lernens ist die Selbstbeherrschung oder Selbstzucht. Dazu gehört, daß man darauf verzichtet, sich gehen zu lassen oder der Verzicht auf unnötige Angriffe und Seitenhiebe. Von Bedeutung ist das Erlernen der Fähigkeit, dem anderen Rechnung zu tragen, seine persönlichen Bedürfnisse zu erkennen und auf diese einzugehen. Die Erfüllung der Forderungen des Tages und der täglichen Pflicht ist ein Gebot des sozialen Lernens, das jeden Tag neu bewältigt werden muß. Ein vielfach als unbequem empfundener Bereich des sozialen Lernens ist die ständige Notwendigkeit, sich in irgendeiner Form an die Mitmenschen anzupassen oder ihnen Widerstand zu leisten, wenn man das für richtig hält. Von Bedeutung ist auch der tägliche Kampf um die Erhaltung oder Restabilisierung der eigenen Identität, des Selbstbewußtseins und der persönlichen Abrundung. Dazu gehört das Erlernen der Fähigkeit, die Erwartungen der anderen zu prüfen und ihnen in dem gebotenen Umfang gerecht zu werden, d. h. die Rollenerwartungen zu erfüllen, ohne sich total unterzuordnen. Das soziale Lernen umfaßt die Fähigkeit, sich nicht „unterkriegen" zu lassen, wenn man in eine Durststrecke oder eine Notsituation hineingeraten ist. In allen Gruppen und Gesellschaften gibt es verschiedenartige Konflikte, denen man nicht ausweichen kann und denen man sich stellen muß, ohne Schaden zu nehmen. Das Thema dieser Studie ist das Erlernen der Fähigkeit, Konflikte zu erkennen, sie als integrative Bestandteile des menschlichen Lebens zu bestimmen und ihnen mit Erfolg zu begegnen. Das Leitziel der Schulung besteht darin, vernunftgerechte Entscheidungen zu treffen, ohne das eigene Gefühlsleben zu vernachlässigen und die eigene Identität zu gefährden.

3. Kapitel

Verlaufsformen, Beobachtung und Kontrolle konfliktregulierender Dialoge

Der Ausbruch eines Streitgesprächs ist z. B. dann gegeben, wenn jemand angegriffen wird und sich zur Wehr setzt. Angriff und Abwehr sind bestimmende Elemente des verbal ausgetragenen Streits. Der Streitdialog kann auch als Folge von Argument und Gegenargument (These und Antithese) begriffen werden. Dabei kommt es auf die Überzeugungskraft im Vortrag der Thesen und die tatsächlich vorhandenen Möglichkeiten der Machtausübung der Streitenden an. Im Ablauf des Streitgesprächs wird einer These (d. h. einer Setzung) eine Antithese (d. h. eine Entgegensetzung) gegenübergestellt.

Typische Verlaufsformen von konfliktregulierenden Dialogen

Zunächst ist der Fall denkbar, daß These und Antithese im Verlauf der Auseinandersetzung ineinander geführt werden, so daß auf höherer Ebene eine Synthese zustande kommt. In die Synthese haben die am Konflikt Beteiligten etwas Eigenes eingebracht. Daher kann in diesem Fall – im positiven Sinne des Begriffes – von einem konfliktregulierenden Dialog gesprochen werden, zumal kein Beteiligter im Ablauf des Konflikts total überwältigt wurde. So ist mit einer gewissen Dauerhaftigkeit der Konfliktregulierung zu rechnen. Das Zustandekommen einer Synthese ist auf einen Teil der Streitfälle beschränkt. In anderen Fällen können wir von einem konfliktären Dialog sprechen, etwa dann, wenn der Streit nicht über die Darbietung einer These und entsprechende Abwehrmechanismen hinausreicht. In solchen Fällen stehen am Ende der Auseinandersetzung These und Antithese beharrend nebeneinander. Daneben ist der Fall denkbar, daß im Laufe des Gesprächs eine Position mit entsprechenden Gegenpositionen entfaltet wird, wie das in der großen internationalen Politik immer wieder der Fall ist. Dabei ist es möglich, daß sich die konträren Positionen ein wenig aneinander angleichen, im Prinzip aber beharrend nebeneinander verbleiben. Der Konflikt ist nicht gelöst, jedoch bildet die Tatsache, daß man überhaupt miteinander spricht und seine gegenläufigen Positionen austauscht, einen gewissen Regulierungsmechanismus, mit dem sich alle Beteiligten zufrieden geben müssen, da die ideologischen Wertpositionen grundsätzlich inkongruent sind und immer nur partiell zur Deckung gebracht werden können. Weiterhin ist es möglich, daß im Laufe des Streites die Gegenposition in sich zusammensinkt. Am Ende steht die anfängliche Position mehr oder weniger unangefochten da. Eine andere Möglichkeit des Gesprächsablaufs besteht darin, daß anfänglich eine These aufgestellt wird, der im folgenden widersprochen wird mit dem Ergebnis, daß die These zu Fall gebracht wird. Die Antithese setzt sich schließlich durch.

Zusammenfassend kann man die folgenden idealtypischen Ablaufformen des Streitgesprächs unterscheiden:

1. These und Antithese werden zur Synthese geführt: Der Konflikt wird gelöst oder doch einer Regulierung zugeführt, die für die Beteiligten zumutbar ist.
2. These und Antithese stehen oder bewegen sich beharrend nebeneinander: Der Konflikt wird nicht „gelöst". Die Kontrahenten regulieren den Streitfall so, daß man stillschweigend oder durch Erklärungen darin übereinstimmt, daß man nicht übereinstimmt.
3. These und Antithese werden z. B. aus taktischen Gründen um einen kleinen Schritt des Entgegenkommens zusammengeführt, sind aber grundsätzlich inkongruent. Die Regulierung besteht darin, daß man überhaupt miteinander interagiert.
4. Die These setzt sich gegenüber der Antithese durch.
5. Die Antithese setzt sich gegenüber der These durch.
6. Die Auseinandersetzung ist eine Mischung oder Abstufung aus den hier genannten Verlaufsformen.

Alle sechs Verlaufsformen stellen Regulierungen oder Regelungen des Konflikts dar, wobei das Einmünden in eine Synthese am ehesten als Lösung des Konflikts anzusehen ist. Wenn allerdings die gewonnene Synthese im Laufe der Zeit an Substanz verliert und die ur-

sprünglichen Gegensätze wieder zum Vorschein kommen (z. B. in Tarifangelegenheiten), sollte von einer Konfliktregulierung (auf Zeit) gesprochen werden und nicht von einer „Lösung", da die „Lösung" sich wieder „auflöst". Ein Konflikt wird dann gelöst, wenn die Regulierung langfristig und grundlegend ist, wenn die Streitsituation „aus der Welt geschafft wird".
Wenn die These sich gegenüber der Antithese durchsetzt oder umgekehrt, so kann das z. B. durch Anwendung von Macht oder durch die Überzeugungskraft der besseren Argumente erfolgen. Es können aber auch andere Bedingungen mit im Spiel sein, z. B. das Bedürfnis eines Kontrahenten, den Streit zu beenden und nachzugeben.

Verschiedene Formen der Auseinandersetzung

Es gibt spontan zustande kommende und arrangierte Streitgespräche. Anhand einiger praktischer Beispiele soll eine Typologie des konfliktregulierenden Dialogs entworfen werden, die als offenes System anzusehen ist und erweitert werden kann. Die jeweils angedeuteten Äußerungen sind als stark reduzierte Muster zu betrachten, die als Grundlage eines konfliktregulierenden Dialogs fungieren und durch weitere Zutaten differenziert werden können. Im einzelnen kann man die folgenden Typen des konfliktregulierenden Dialogs unterscheiden:

1. Der spontane Konfliktregulierungsdialog

   Ein Radfahrer, der recht schnell fährt, streift mit seinem Lenker einen Fußgänger. Nach diesem Zwischenfall bremst er.
   Fußgänger: Sie sind wohl nicht ganz bei Trost. Sie haben mich angefahren und meinen Anzug beschmutzt.
   Radfahrer: Was kann ich dafür? Ich mußte einem Scherbenhaufen ausweichen. Da, sehen Sie die Splitter der zerschlagenen Bierflasche! Tut mir leid. Ich hoffe, es war nicht so schlimm!

2. Die spontane, kontrovers geführte Gruppendiskussion

   In der Pause auf dem Schulhof werfen sich mehrere Mitglieder zweier Schulklassen jeweils etwas vor:

Angriff: Ihr seid total blöd! Immer werfen einige von euch Abfälle auf den Schulhof. Und wir sind immer dran, wenn ein Lehrer einige zum Aufheben losschickt.
Abwehr: Quatsch! Es ist umgekehrt! Ihr schmeißt den Kram auf die Erde, und wir müssen sammeln!

3. Der arrangierte dyadische konfliktregulierende Dialog

Erste Situation: Zwei rivalisierende Politiker, die für ein Amt kandidieren, treten vor dem TV-Publikum auf, um vor der Wahl ihre Positionen zu vorgegebenen Themen mitzuteilen.
Kandidat A: Ein Beschäftigungsprogramm ist zur Bekämpfung der hohen Arbeitslosigkeit dringend erforderlich.
Kandidat B: Zur Beseitigung der Arbeitslosigkeit in diesem hohen Ausmaß ist ein Beschäftigungsprogramm ungeeignet. Wir brauchen vielmehr verschiedene Anreize für Investitionen.

Zweite Situation: In einem Verhör richtet ein Behördenmitglied in eindringlicher Form Fragen an einen verdächtigten Bürger. Dieser wehrt alle in den Fragen liegenden möglichen Beschuldigungen ab.
Behördenmitglied: Für die Zeit von 24 Uhr bis 4 Uhr in der Nacht vom 24. zum 25. Juni haben Sie kein überzeugendes Alibi. Wenn es Ihnen nicht möglich ist, dieses Alibi durch glaubhafte Zeugen beizubringen, verstärkt sich der Mordverdacht gegen Sie ganz erheblich.
Verdächtigter: Ich habe mit dem Mord nichts zu tun. Ich sage das noch einmal ganz eindeutig.

4. Die arrangierte Verhandlung

Erste Situation: Ein Hausinteressent und der Anbieter des Eigenheims sitzen in Gegenwart des Maklers zusammen und verhandeln über den Preis und die Zahlungsweise.
Anbieter: Das Haus soll 420 000 DM kosten.
Kaufinteressent: Ich finde, Ihre Forderung ist um 20 000 DM zu hoch.

Zweite Situation: In einem Vermittlungsausschuß sitzen Mitglieder des Bundesrates und des Bundestages und verhandeln auf der

Grundlage vorliegender Beschlüsse ihrer Gremien über Haushaltsprobleme.
Bundesratsmitglied: Die mit Ihrer Gesetzesvorlage verbundene Aufnahme von hohen Neuschulden ist nicht annehmbar.
Bundestagsmitglied: Dieses Maß an Verschuldung ist vertretbar, da andernfalls soziale Leistungen des Staates auf dem Spiel stehen.

5. Die arrangierte, kontrovers geführte Gruppendiskussion

Beispielhafte Situation: Eine bekannte Persönlichkeit tritt im Fernsehstudio eines benachbarten Staates vor einem Moderator und einem geladenen Publikum auf und nimmt zu Fragen Stellung, die aus dem Publikum (gegebenenfalls unter späterer Beteiligung der TV-Zuschauer über das Telefon) an diese Person gerichtet werden.
Frau X. aus dem Publikum: Herr Y., man hört und liest verschiedentlich, daß Sie besonders empfindlich sind. Trifft das zu?
Herr Y. (Mittelpunkt der Sendung): Ich bin überhaupt nicht empfindlich. Im Gegenteil. Ich antworte ruhig und gelassen auf jede kritische Frage, die man an mich richtet.
Anmerkung: Eine derartige Kommunikationssituation ist nur insofern als kontrovers zu bezeichnen, als kontrastierende Auffassungen vorgetragen werden. Hier liegt eine zentripetale Struktur vor.

Der Rundlaufstreit als verbesserungsfähige Form des Streitgesprächs

Das nachfolgende Beispiel illustriert eine Streitsituation, bestehend aus Argument und Gegenargument.
Arnold: Was hast du heute abend vor?
Berta: Fernsehen.
Arnold: Schon wieder?
Berta: Irgendwelche Einwände? Sag bloß nicht, daß dir was Besseres einfällt.
Arnold: Schlimmer als Fernsehen kann es bestimmt nicht wer-

den. Ewig hängst du vor der Röhre. Kannst du dich nicht mal zu etwas anderem aufraffen?
Berta: Ich weiß gar nicht, was du willst. Bis jetzt hat es dir doch gefallen.
Arnold: Gefallen? Ich dachte nicht, daß es zur Gewohnheit wird. Aber eigentlich hätte ich es ja wissen müssen. Bei dir zu Hause ist es ja auch nicht anders. Jeden Abend hängt alles stumpfsinnig vor der Mattscheibe.
Berta: So, stumpfsinnig findest du das also? Meinst du, daß du in irgendeiner Weise durch besondere Kreativität auffällst? Und was meine Leute angeht . . . Wie sieht das denn bei dir aus? Als wir letztes Wochenende . . .

Zur Interpretation: Im vorliegenden spontanen Dialog wird die Ebene gegenseitiger Beschuldigungen von den Beteiligten nicht verlassen. Die Streitsituation besteht aus dem bloßen Austausch von Argument und Gegenargument. Keiner nimmt einen Anlauf in Richtung auf eine sozialproduktive Wende der Auseinandersetzung.
Die sozialproduktive Komponente dieses Gesprächs besteht lediglich darin, daß eine Beteiligte (Berta) über das Unbehagen hinsichtlich der Freizeitgestaltung am Abend aufgeklärt wird. Die Äußerung von Gefühlen ist ein erster Schritt auf dem Weg zur positiven Veränderung der Situation. Aber das Gespräch als solches stellt keine kreative und sozialproduktive Linienführung dar. Es bewegt sich auf der Interaktionsebene „Wie du mir, so ich dir".

Selbstkritische Überprüfung des eigenen Auftritts im antagonistischen Dialog

Zur kontrollierten Selbstdarstellung im kontrovers geführten Gespräch gehört die Selbstkontrolle hinsichtlich des Inhalts, der Art und Härte der Argumente. Nicht nur die Selbstkontrolle der eigenen Wortwahl ist notwendig, sondern auch die in Zeitabständen auszuführende selbstkritische Prüfung der eigenen Argumentationsform. Die Prüfung kann durch Befragen anderer Personen ergänzt werden. In die Kontrolle läßt sich auch der Umfang der eigenen Diskussionsbeiträge einbeziehen. Wer viel redet, dem hört man bekanntlich nur dann zu, wenn er noch etwas zu sagen hat, was von Interesse ist und die Gesamtsituation des Gesprächs irgendwie positiv voranbringt. In diesem Fall ist es erforderlich, daß die Beiträge Innovationen enthalten, zumindest Variationen des bereits Bekannten. Andernfalls ergibt sich eine Verminderung des Interesses am Zuhören. Wer viel redet, dem hört man unter Umständen auch gar nicht mehr zu. Man „schaltet ab", negative oder gleichgültige Empfindungen werden erzeugt. Ein derartiger Rednertyp stigmatisiert sich selbst. Wer im Streitgespräch wenig redet, liefert den viel Redenden keine Rückkopplung und enthält ihnen damit eine eventuelle Kurskorrektur ihrer strategischen Linie vor. Die in der außerwissenschaftlichen und wissenschaftlichen Streitdiskussion vorgetragenen Standpunkte müssen der Kritik und damit der rückmeldenden Kontrolle unterworfen werden, damit Objektivität, Gültigkeit und Annehmbarkeit an Bedeutung gewinnen und einen möglichst hohen Standard erhalten. Nur unter dieser Voraussetzung sind bessere Durchsetzungschancen für den vertretenen Standpunkt gegeben. Die Überzeugungskraft eines Arguments erhöht sich mit der Zahl und Qualität der durchstandenen Überprüfungen durch den Argumentierenden selbst und/oder durch andere Instanzen der Rückmeldung. Für eine selbstkritische Kontrolle des eigenen Gesprächsbeitrags kommen z. B. die folgenden Fragen in Betracht:

1. War der Inhalt meines Diskussionsbeitrags richtig bemessen?
2. Paßte mein Beitrag in die Situation hinein?
3. War mein Argument durchschlagskräftig?
4. Was sagen meine Freunde zu meinem Argument?
5. War mein Beitrag zu lang? War er zu kurz?
6. Hat man mir wirklich zugehört?
7. Habe ich die Gesamtsituation der Diskussion durch meinen Beitrag vorangebracht?
8. Würden meine Argumente der Kritik durch mehrere Fachleute standhalten?
9. Wurde mein Beitrag in der nachfolgenden Diskussion aufgegriffen?
10. Hat man versucht, meinen Standpunkt zu widerlegen?

Für den Streitdialog des Alltagslebens sind prinzipiell die Gesetzmäßigkeiten und Konventionen der wissenschaftlichen Objektivitätsfindung gültig. So kommt es in der Gesprächspraxis vor, daß ein Diskussionsteilnehmer seine Wertposition vorlegt, auf die dann im weiteren Verlauf des Disputs wiederholt zurückgegriffen wird. Diese Prozedur ist im Regelfall keine bloße Übernahme einer vorgegebenen Position; denn mit jedem Rückgriff auf diese Äußerung wird die Möglichkeit einer kritischen Behandlung eben dieser Position überstanden. Solange diesem Standpunkt nicht in irgendeiner Form widersprochen wird oder kritische Modifikationen an ihm vorgenommen werden, muß er als diskutabel und konsensfähig betrachtet werden. Es besteht allerdings die Möglichkeit, daß alle beteiligten Kontrahenten außerstande sind, den Wahrheitsgehalt des besagten Standpunktes zu überprüfen, da es allgemein an Sachkenntis mangelt. Wenn dieser Fall aber nicht gegeben ist oder wenn es sich um eine politisch-kulturelle Entscheidung handelt (Beispiel: Soll hier eine Autobahn gebaut werden oder nicht?), gelten die allgemeinen Konventionen der wissenschaftlichen Theorie, z. B. die Auffassung K. R. Poppers: „Was wir ‚Gesetze' nennen, sind Hypothesen, die eingebaut sind in Systeme von Theorien und die niemals völlig isoliert geprüft werden können. Der Gang der Wissenschaft besteht im Probieren, Irrtum und Weiterprobieren. Keine bestimmte Theorie kann als absolut sicher betrachtet werden; jede, auch die am besten bewährte, kann unter Umständen wieder problematisch werden. Keine wissenschaftliche Theorie ist sakrosankt" (Popper 1964, 101). Für Popper besteht die Aufgabe des Wissenschaftlers darin, seine Theorie immer neuen Prüfungen zu unterziehen. Die Widerlegung, die Erwartungstäuschung, hat schließlich den Neubau der Theorie zur Folge. Durch die Falsifikation unserer Annahmen erhalten wir nach Popper tatsächlich Kontakt mit der Wirklichkeit. Die hinter dieser Theorie stehende kulturelle Grundauffassung ist diejenige der Offenheit, der Ausbreitung einer Meinung, der Bereitschaft, seinen Standpunkt zur Diskussion zu stellen und ihn der Überprüfung und damit letztlich der Kontrolle zu unterziehen. Wenn man unter Demokratie die Kontrolle der Machtausübung (vgl. O. Stammer) versteht, ist die hier beschriebene wissenschaftliche Grundposition demokratisch.

Die selbstkritische Frage nach möglicher Vertrauensschöpfung im konfliktregulierenden Dialog

Ein Handlungseinsatz liegt in dem Entschluß, auf verschiedenen Ebenen, etwa in der eigenen Familie, im Freundeskreis, in der Nachbarschaft, am Arbeitsplatz, im Verein, konstruktive Vertrauensverhältnisse zu schaffen und zu erhalten. Im Bereich solcher Vertrauensverhältnisse ist die Gefahr der Ausweitung und Dramatisierung von Konflikten zwar auch gegeben, im Regelfall jedoch schadet ein Konflikt der Struktur einer Vertrauensbindung nicht grundlegend. Eine Ehe, in der ein bedingungsloses und unerschütterliches Vertrauensverhältnis besteht, das sich im Laufe einer langen Zeit bewährt hat, zerbricht nicht durch einen heftigen Streit. Ein großer Anteil aller ausgetragenen Konflikte dient der Wert- und Vertrauensschöpfung im täglichen Interaktionsprozeß. In der psychoanalytisch orientierten Entwicklungspsychologie ist immer wieder auf die Bedeutung der Herstellung eines Urvertrauens in der frühen Kindheit hingewiesen worden, das eine wichtige Voraussetzung für die Ausprägung der individuellen Identität ist. Der gezielte und selbsttherapeutisch gesteuerte Aufbau von vertrauensvollen Interaktionen zu gleichgesinnten und zu anders empfindenden Personen stärkt daher die Struktur der Persönlichkeit und schult ständig die Koordinationsfähigkeit. Vertrauen und Skepsis schließen einander nicht aus.

Wer in einem Konflikt steht, hat im Regelfall während des Regelungsprozesses einen Spielraum für die Verbesserung der vom Konflikt betroffenen sozialen Beziehung zur Verfügung. Wenn die Mitglieder eines sozialen Systems gezielt von diesen Verbesserungsmöglichkeiten Gebrauch machen und den Konflikt nicht in die destruktive Zone wenden, bringen die Bemühungen einen Sozialisationszuwachs sowohl für die Individuen als auch für die Systeme.

4. Kapitel

Funktionalistische Komponenten des konfliktregulierenden Dialogs

Funktionalistisch oder strukturfunktionalistisch orientierte Denkweisen beziehen sich auf Leistungen und Tätigkeiten. *Fungor* heißt: ich verrichte; besorge; vollbringe; leiste. *Functio* ist die Verrichtung; *functio tributaria* die Zahlung des Tributs. Die Funktion der Erziehungseinrichtungen liegt in ihrer Leistung für die schöpferische Wiedererzeugung und Weiterentwicklung der übergreifenden gesellschaftlichen Strukturen und deren Konkurrenzfähigkeit im intergesellschaftlichen Wettstreit. Funktion ist der Beitrag zur Selbsterhaltung der sozialen Gruppe (vgl. G. Simmel) und zu der konstruktiven Fortentwicklung der sozial-kulturellen Systeme. Die vergleichende Methode der funktionalen Analyse gewichtet die Funktionen gegenüber den Dysfunktionen, d. h. die strukturfördernden gegenüber den strukturschwächenden (z. B. selbstzerstörerischen) Wirkungen der Elemente eines sozialen Systems. Um z. B. die funktionale Wirksamkeit des Erziehungswesens zu sichern und zu erhöhen, sind verschiedene funktionale Erfordernisse, vor allem die Bereitstellung hinreichender finanzieller Mittel und Einsatzbereitschaft, zu erfüllen. Die überragende Bedeutung der Kategorie der Möglichkeit (im Unterschied zur Wirklichkeit oder Notwendigkeit) findet ihren Niederschlag im Begriff der funktionalen Alternativen, Äquivalente oder Substitute. Eine wichtige Fragestellung aus der heutigen Umwelt-Diskussion heißt: Welche funktionale Alternative gibt es für die aus Kohle und Atomen gewonnene Energie? Die Theorie der funktionalen Alternativen steht in unmittelbarer Verbindung mit der Flexibilisierung und Dynamisierung der Strukturen sozialer Systeme und mit dem soziokulturellen Wandel. Funktionalistische Denksysteme müssen sich die kritische Frage gefallen lassen, ob es denn genügt, wenn in einem sozialen System alles mehr oder weniger reibungslos „funktioniert".

Der konfliktregulierende Dialog als Mittel zur Schlichtung von Auseinandersetzungen

In einer gesellschaftlichen Situation, in welcher der Konflikt trotz vieler Verdrängungsmechanismen geduldet und auf der wirtschaftlichen und politischen Ebene sogar institutionalisiert wird, ist die Schulung im Umgang mit Konflikten ein funktionales Erfordernis für die Entfaltung der Persönlichkeit. Die Bewältigung von Konflikten ist ein Bestandteil der Personstruktur. Die Regelung von Konflikten geschieht heute entsprechend den allgemeinen Empfindungen und Vorstellungen nicht durch Gewalt, sondern durch die verschiedenen Spielarten des rationalen Dialogs. Ein konfliktregulierender rationaler Dialog verfolgt das Ziel, eine Konfliktsituation zu verarbeiten und die Lösung oder Regelung des Konflikts durch Gespräche voranzubringen oder zu bewältigen. Er zielt in die Richtung einer Normalisierung oder tendenziellen Harmonisierung der Beziehungen.

Der klassische Begriff *dialegesthai ti tini* bedeutet: etwas mit einem durchgehen oder besprechen; gewandt sein im Reden. Der konfliktregulierende Dialog erfordert Mühe, die Streitsituationen zu klären, die unterschiedlichen Positionen herauszudifferenzieren, Regeln für das Verhalten im Dialog zu entwickeln und sich im Gesprächsablauf daran zu halten. Konsensustheoretisch bedeutsam ist der konfliktregulierende Dialog insofern, als durch seinen Ablauf und seine Anwendung der Konflikt zu einer Übereinstimmung oder doch in die Richtung einer Kongruenz geführt wird. Die Austragung des Konflikts kann durchaus mit schöpferischen Folgen verbunden sein. Diese Aufgabe erfüllt der Konflikt in Form der Konkurrenz z. B. im politischen und wirtschaftlichen Gefüge der modernen Demokratie. Die Konkurrenz unter den Herstellern von Automobilen z. B. dient der Verbesserung der technischen Ausstattung der Erzeugnisse und damit allen beteiligten Personen und Institutionen. Wer nicht konkurrenzfähig ist, verschwindet vom Markt. In ähnlicher Weise erfüllt der konfliktregulierende Dialog eine schöpferische Aufgabe, da er entscheidend beiträgt zur Überwindung und Bewältigung von sozialstrukturell und persönlichkeitsstrukturell vorgegebenen Spannungen, die Lösungen oder Regulierungsformen erfordern. Der konfliktregulierende Dialog steht somit im Dienst der Entfaltung der Persönlichkeit. Konfliktregulierende Gespräche enthalten sowohl analoge wie digitale Elemente, d. h. sowohl Bilder, Zeichen, Gesten usw. als auch Worte, rationale Argumente (Watzlawick/Beavin/Jackson 1974). Die analogen und digitalen Bestandteile konfliktlösender Dialoge stehen in einem vielschichtigen Verhältnis zueinander. Wenn zwei Kommunikationspartner sich grundsätzlich sympathisch finden, keine besonderen Divergenzen in politisch-kultureller Hinsicht aufweisen und die Beziehung als positiv und wertvoll empfinden, werden unterschiedliche Wertpositionen relativ leicht zu klären sein. Im Fall einer verborgenen gegenseitigen Antipathie werden die Gesprächspartner vermutlich von Zeit zu Zeit dieser gegenseitigen Abneigung verbalen Ausdruck geben, so daß die Positivität der sozialen Beziehung zumindest vorübergehend beeinträchtigt wird. Überwiegend negative Gefühlsbindungen dürften sich mit negativer Dialektik in irgendeiner Form im Gesprächsablauf verbinden, so daß Widersprüche, Dissonanzen und Antagonismen sichtbar werden. Es ist auch der Grenzfall möglich, daß ursprünglich negativ gestimmte soziale Gefühle als Folge inhaltlicher Übereinstimmungen im Ablauf der Auseinandersetzungen zunehmend positiv gestimmt werden und umgekehrt. Hier liegt eine der wichtigsten Einsatzmöglichkeiten des konfliktregulierenden Dialogs: Ein überzeugend und eindrucksvoll geführter rationaler Dialog kann und soll zur Verbesserung oder Konsolidierung der sozialen Gefühlslage der Person beitragen. Wer in ein konfliktregelndes Gespräch eintritt, muß die mit Konfliktvermeidung einhergehenden Ängste überwinden. Er hat einen ersten wichtigen Schritt getan in Richtung auf die Bereinigung der sozialen Atmosphäre. Wer beim Konfliktdialog verbleibt und z. B. nur einen Schlagabtausch mit einem Widersacher ausführt, ist damit noch nicht in die Arena des konfliktregulierenden Gesprächs eingedrungen. Er geht weder produktiv noch kreativ noch therapeutisch vor. Vielmehr bleibt er auf der Konfliktaustragungsstufe stehen, die man mit dem bekannten Ausspruch „Auge um Auge, Zahn um Zahn" charakterisieren kann und die von „inter-nationalistischen" Konflikten her bekannt ist. Konfliktregulierende Dialoge sind sozialproduktiv. Sie führen den Streit aus der Ebene der Drohung, der Abschreckung oder der Stagnation heraus. Sie leisten weiterführende Arbeit am Streit, um der Streitschlichtung eine Richtung zu geben, die gekennzeichnet ist durch Zumutbarkeit der Lösungs- und Regelungsvorschläge.

Funktionale Erfordernisse für das Gelingen eines vernunftgerechten Konfliktgesprächs

1. Die Beteiligten müssen sich selbst und anderen deutlich machen, wann eine praktische Wertung vollzogen wird.
2. Die streitenden Parteien müssen zu der Einsicht bereit sein, daß es notwendig ist, den Wert, auf den es jeder streitenden Partei ankommt, zu erfassen.
3. Die Streitenden müssen die Einsicht haben, daß man nicht in jedem Fall „Tatsachen" sprechen lassen kann. Viele „Tatsachen" werden „gemacht" oder so zurechtgelegt, daß sie bei genauer Untersuchung mit irgendwelchen versteckten Interessen in Verbindung stehen.
4. Die Erkenntnis ist nützlich, daß die meisten im politischen Streitdialog durchfochtenen Standpunkte unüberbrückbar sind und daß der Kompromiß hier einen begrenzten Stellenwert hat.
5. Es muß die These beachtet werden, daß im politischen Disput der Erfolg in der Kunst des Möglichen liegt (Max Weber).
6. Man muß bereit sein, sich an bestehende Verfahrensregeln zu halten.
7. Man muß bereit sein, die Kontrahenten ohne Voreingenommenheit zu sehen.
8. Die Kritik muß als rechtmäßiges und oft auch zweckmäßiges Mittel des konfliktregulierenden Dialogs betrachtet werden.
9. Die Dialogteilnehmer müssen die Fähigkeit zum Verzicht auf starre Ansichten schulen.
10. Die Bereitschaft zum Zuhören muß entfaltet werden.
11. Man muß seine Argumente möglichst überzeugend begründen.

Sozial-kulturelle Funktionen konfliktregulierender Dialoge

Kontrovers geführte Gespräche wirken vielfach abstoßend und ärgerlich. Mancher Beobachter einer Auseinandersetzung wird den Eindruck gewinnen: Hier haben einige Leute noch nicht gelernt, richtig miteinander umzugehen. Bei genauerem Hinsehen wird man zu dem Ergebnis kommen, daß Konfliktgespräche für viele Menschen trotz der unangenehmen Begleiterscheinungen auch heilsame

Wirkungen ausüben. Heilsam wirken sich konfliktregulierende Dialoge für viele Paare, Gruppen und Organisationen aus, und zwar in verschiedenen Hinsichten. Zunächst werden die Widersacher durch kontrovers geführte Gespräche auf ihre eigenen Bedürfnisse und auf die Bedürfnisse anderer aufmerksam gemacht, indem sie mit deren vielfach erregt vorgetragenen Vorstellungen konfrontiert werden. In einem vernunftgerecht geführten Dialog begründen die Sprecher ihre Argumente so, daß diese nicht als widerspruchsvoll oder unqualifiziert zurückgewiesen werden.

Die aufklärende Rolle des Streitgesprächs

Im harten Streit zwischen Intimpartnern wird den Beteiligten deutlich, was der andere will und denkt. In der Kontroverse zwischen zwei Jungen spürt jeder, wie weit er mit seinen Forderungen gehen kann, ohne völlig sein Gesicht zu verlieren. In der Podiumsdiskussion über die Struktur einer Schule erhält jeder Teilnehmer Aufklärung über die geäußerte Werthaltung von Freunden und Gegnern. In vernunftgerecht orientierten Konfliktgesprächen werden Aufklärungs- und Klärungsprozesse in Gang gesetzt. Dadurch hat der kontrovers geführte Dialog grundsätzlich einen rationalen Charakter, solange er auf eine Lösung oder Regulierung des Problems gerichtet ist. Zudem ist er demokratisch, da die Demokratie neben der Einheit auch die Vielheit beispielsweise der Parteien, Verbände, Gruppen und Standpunkte bejaht.
In einem Streitgespräch kann das Beteuern das Begründen nicht ersetzen:

Er: Ich habe keine besonderen Sympathien für Frau X.
Sie: Das hast du doch! Ich weiß es ganz genau!
Er: Ich kann dieser Frau nichts Besonderes abgewinnen.
Sie: Das kannst du doch! Streit' es nur nicht ab!

Hier wird nicht rational begründet, sondern nur beteuert. Die Argumente der Frau mögen gefühlsmäßig berechtigt sein, doch fehlt im Dialog die Ausführung der Begründung. Die Aufklärungsrolle dieses Dialogs besteht darin, daß der Mann etwas über die Empfindungen der Frau hinsichtlich seiner eventuellen Gefühle für Frau X. erfährt. Umgekehrt erfährt die Frau, daß der Mann nichts für Frau X. empfindet oder zumindest nicht zugeben will, daß er etwas für Frau X. empfindet. Die Analyse des Dialogs zeigt, daß verschiedene Klarheiten geschaffen werden, daß beteuert und nicht begründet wird. Ein höheres Maß an Klarheit würde das Gespräch ergeben, wenn beide Dialogpartner ihre Argumente überzeugend begründen und die Richtigkeit ihrer Behauptungen beweisen würden und könnten. Folglich ist Vorsicht bei unbewiesenen und unbegründeten Argumenten geboten.

Die Ventilationsfunktion des Streitgesprächs

Angestaute Energien drängen nach Entladung. Dieser auch für den sozialen Bereich gültige Sachverhalt schlägt sich in einer Reihe von Sitten und Gewohnheiten nieder. So entlädt mancher seine aufgestauten Aggressionen im Alkoholrausch. Eine Enthemmung des Verhaltens mit allgemeiner gesellschaftlicher Billigung ist in mancher Hinsicht der Karneval, bekannt als Ventilsitte. Auch im Streitgespräch findet eine Entladung von aufgestauten oder kurzfristig entstandenen Gefühlen statt. Das Bedürfnis, nicht länger mit aufgestauten Feindseligkeitsgefühlen leben zu müssen, läßt in Verbindung mit anderen Faktoren, z. B. mit dem Bedürfnis nach neuer Information, manchen Streit entstehen. Im Konfliktgespräch entlädt sich die angestaute Aggression oder Bedrückung und reinigt die Luft, wie das auch durch ein Gewitter geschieht. Darin liegt die entscheidende therapeutische Wirkung eines konfliktregulierenden Dialogs. Aber nicht das befreiende Herausbringen von Argumenten allein wirkt wie eine Therapie. Vielmehr kommt es darauf an, daß die Wahl der Werte und der logische Aufbau der Argumentation der jeweiligen Situation angepaßt werden. Nach Ablauf des Disputs kann eine Entspannung und Wiederannäherung erfolgen, sofern nicht eine totale Trennung eintritt. Die Kenntnis von der Ventilfunktion des Streits läßt die Konfliktvermeidung als unzweckmäßig erscheinen, da diese eher eine Belastung als eine Entlastung für die Seele ist. Da der Konfliktdialog, der auf eine Regelung des Problems gerichtet ist, allgemein die Fronten klärt und feindselige Impulse kanalisiert, trägt er zur Unversehrtheit von Personen und Gruppen bei.

Der Streit in seinen verschiedenen Ausdrucksformen ist ein notwendiger Bestandteil des Lebens und nicht ein zu vertuschender Betriebsunfall, den zu vermeiden man versäumt hat. Die Einsicht, daß Zwietracht und Eintracht miteinander hergehen, läßt den Wert eines Streitgesprächs positiver erscheinen, als das in der Alltagsmentalität meistens der Fall ist. Der Streit selbst ist die Auflösung der Spannungen zwischen den Gegensätzen. Damit ist als gegeben anzusehen, daß Gegensätze und Widersprüche ebenso zum Gefüge sozialer Gruppen und Organisationen gehören wie Übereinstimmungen und Harmonieempfindungen.

Die gruppenfestigende oder gruppenspaltende Wirkung des Streitgesprächs

Der Konflikt mit Fremdgruppen, z. B. ein Krieg, verstärkt den inneren Zusammenhalt der Gruppe. Es ist zu vermuten, daß mit zunehmender Bedrohung der Gruppe von außen das Bedürfnis nach Kohäsion im Inneren der Gruppe wächst. Die Beschaffenheit der Konfliktgespräche ist funktional abhängig vom Grad des Außendrucks und der Außenbedrohung. Wenn die Nation in ihrem Bestand durch Kriegsausbruch bedroht ist, sinkt die Chance für den Fortbestand heftigen Parteiengezänks. Die Bedrohung einer Gruppe von außen erhöht die Chancen für die Vereinfachung des sozialen Gefüges dieses Systems. Der verbal ausgetragene Konflikt hat eine festigende Wirkungsweise, wenn politische Gruppen, z. B. Parteien, sich etwa in der Haushaltsdebatte über eine Gesetzesvorlage streiten und dann geschlossen abstimmen. Aus diesen Bedingungen heraus sind die Einrichtungen des Fraktionszwangs und des imperativen Mandats zu verstehen. Die gruppenfestigende Wirkung des Parteiendisputs etwa im Deutschen Bundestag in Bonn zeigt sich in der immer wieder gemachten Beobachtung, daß die Fraktionen relativ geschlossen Beifall spenden oder nicht spenden.
In bestimmten Fällen kann das Konfliktgespräch auch gruppenspaltende Wirkungen haben, z. B. im Fall des Auseinanderdriftens politischer oder kultureller Gruppen, die ihre Interessen nicht auf einen Hauptnenner bringen können. Auch bei einem Paar kann die ständige, heftige Auseinandersetzung oder eine besonders ungerechte

Bemerkung die Spaltung der bisherigen sozialen Bindung vollenden.

Die Beeinflussung des Kräfteverhältnisses zwischen den beteiligten Personen und Gruppen durch das Konfliktgespräch

Streitgespräche sind Mittel zur Erhaltung oder Verschiebung der bestehenden Machtverhältnisse. Durch den Streit wird eine Neuverteilung von Machtpositionen vorgenommen. Dabei ist die Erhaltung des bestehenden Zustandes als Sonderfall anzusehen. Selbst wenn am Ende des Dialogs der anfängliche Zustand im Grundsatz bestätigt wird, muß dennoch mit mehr oder weniger geringfügigen Verschiebungen gerechnet werden, z. B. in der Form, daß eine gegebene Gruppe in einer bestimmten Hinsicht das frühere Kräfteverhältnis zu ihren Gunsten verschieben kann, in einer anderen Hinsicht aber einen Verlust in Kauf nehmen muß. Auch wenn Gewinn und Verlust sich in etwa aufheben, so ist doch am Ende das Kräfteverhältnis ein qualitativ anderes geworden. In vielen Konfliktdiskussionen, z. B. in Verhandlungen, ist die Durchschlags- und Überzeugungskraft der vorgelegten Argumente von Bedeutung für den Plan, die Pflöcke des eigenen Machtbereiches in das gegnerische Feld hineinzusetzen. Nicht zu übersehen ist das Gewicht des überlieferten Ansehens, das ein Widersacher in den Disput einbringt. So hat der Vertreter eines einflußreichen Verbandes oder einer mächtigen Partei oder der Inhaber eines begehrten akademischen Titels von vornherein günstige Durchsetzungschancen, da er das Ansehen und die Macht seiner Interessengruppe hinter sich hat. In den meisten Konfliktdiskussionen werden die bestehenden Kräfteverhältnisse bestätigt oder auf ähnlichem Niveau neu austariert. Andernfalls wäre jede Konfliktdiskussion in der privaten und öffentlichen Sphäre ein Wagnis und ein Risiko für den Fortbestand der betreffenden Gruppe. Durch die Schwächung eines Systems im Konflikt werden regenerierende Kräfte in diesem System angesprochen, die sich nun verstärkt um die Selbsterhaltung der sozialen Gruppe bemühen. Durch die kritische Diskussion über die Gründe der Systemschwächung werden Impulse für Erneuerungen des Systems ausgeteilt.

Die Auswirkung des Konfliktgesprächs auf die sozialen Gefühle, Einstellungen und Verhaltensweisen

Die Beteiligung an Konfliktgesprächen hinterläßt bei den Kontrahenten Eindrücke verschiedener Art. Die Nachwirkung eines heftigen Konflikts läßt sich oft bei der nächsten Begegnung der Kontrahenten aus deren Gesicht ablesen. Die Einstellung der Kontrahenten zueinander ist zumindest vorübergehend eine andere geworden. Wer sich z. B. durch die Heftigkeit der Worte des Gegners oder eines anderen Dialogteilnehmers beleidigt fühlt, wird möglicherweise kühl oder ausweichend reagieren. Wer im Konfliktdialog eindeutig unterlegen wirkte, wird beim nächsten Zusammentreffen möglicherweise den Blick verlegen zur Seite wenden. Wer siegreich war, könnte später möglicherweise sicher oder sogar mit Überlegenheitsgesten auftreten. Wenn jemand bloßgestellt wurde, so könnte er bei späteren Gelegenheiten aggressiv auftreten oder beschämt sein. Wer im Konfliktgespräch in irgendeiner Form Deformationen des Bildes seiner Person hinnehmen muß, wird vielfach auf den Ausgleich der Niederlage bedacht sein. Dieser Ausgleich kann die verschiedensten Formen annehmen, etwa die betonte Rechtfertigung der eigenen Person in späteren Diskussionen, das Vorweisen besonderer Leistungen, das schnelle oder auch kontinuierliche Ausholen zum Gegenschlag, den Rückzug. Die Verminderung des Vertrauens in die eigene Leistungsfähigkeit ist eine andere denkbare Wirkung einer Niederlage im Streitgespräch. Sie kann sich z. B. als Resignation äußern. Möglich ist die sich mehr oder weniger schnell vollziehende Überwindung der Resignation und eine damit einhergehende Stärkung des Selbstbewußtseins und der eigenen Qualifikation als Ergebnis des ständigen Bedürfnisses, der mißlichen Situation der Niederlage zu entrinnen und eine Restabilisierung der eigenen Identität abzusichern. Nicht selten werden aus Streitsituationen deutliche praktische Konsequenzen gezogen, z. B. hinsichtlich der grundlegenden Einstellungen gegenüber anderen Personen und Gruppen. Eine andere Möglichkeit der Reaktion auf einen Konfliktaustrag ist die Forderung nach dem Rücktritt einer bestimmten Person oder Gruppe aus der bisherigen Position, wenn mäßige Leistungen durch gute Reden nicht ausgeglichen werden können. Daß ein Kontrahent als Ergebnis eines kontrovers abgelaufenen Dialogs seine Wertposition ändert, ist grundsätzlich möglich, aber eher die Ausnahme als die Regel. Konfliktgespräche bieten insgesamt die Möglichkeit, soziale Gefühle, Einstellungen und bestehende Verhaltensweisen zu bestätigen oder zu verändern.

Über die Fernwirkungen des Konfliktgesprächs

Das Beteiligtsein an kontroversen Gesprächen hat Auswirkungen auf die Zuhörer und Zuschauer. Die Kinder als Zuschauer und Zuhörer des elterlichen Ehestreits stehen unter der Einwirkung der veränderten familialen Atmosphäre. Im Falle häufigen Elternstreits könnte sich in manchem heranwachsenden Kind das Empfinden verdichten, der Streit gehöre zum Leben der Eltern schlechthin oder die eigene spätere Ehe müsse mit weitgehender Harmonie verbunden sein oder die gesetzliche Ehebindung sei ein Zwang, den ein freier Mensch nicht eingehen könne. Wie immer auch die individuelle Konsequenz sein mag, es ist von der Annahme spezifischer objektiver Folgen für die mittelbar am Streit Beteiligten auszugehen.

5. Kapitel

Handlungstheoretische Perspektiven des konfliktregulierenden Dialogs

Max Weber definiert Soziologie als eine Wissenschaft, „welche soziales Handeln deutend verstehen und dadurch in seinem Ablauf und seinen Wirkungen ursächlich erklären will" (Weber 1951, 528). Weber führt aus: „‚Handeln' soll dabei ein menschliches Verhalten (einerlei ob äußeres oder innerliches Tun, Unterlassen oder Dulden) heißen, wenn und insofern als der oder die Handelnden mit ihm einen subjektiven Sinn verbinden. ‚Soziales' Handeln aber soll ein solches Handeln heißen, welches seinem von dem oder den Handelnden gemeinten Sinn nach auf das Verhalten anderer bezogen wird und daran in seinem Ablauf orientiert ist" (a. a. O., 528). Soziales Handeln beginnt für Weber mit einem Minimum an sozialer Aktivität in Richtung auf die Existenz eines anderen oder anderer, z. B. bei dem Versuch eines Radfahrers, einem anderen Radfahrer im Fall eines drohenden Zusammenstoßes auszuweichen. Das soziale Handeln ist somit sinnhaft, d. h., der Handelnde verbindet mit seinem Handeln einen subjektiven Sinn. Das in dieser Abgrenzung als sinnhaft definierte soziale Handeln ist dem Verstehen zugänglich, in Grenzfällen allerdings nur dem Experten mit fachlicher Schulung. Max Weber (a. a. O., 551ff.) unterscheidet vier grundlegende Bestimmungsgründe sozialen Handelns:

1. Das zweckrationale Handeln: Zweckrational handelt, wer sein Handeln nach Zweck, Mittel und Nebenfolgen orientiert und dabei sowohl die Mittel gegen die Zwecke, wie die Zwecke gegen die Nebenfolgen, wie auch die verschiedenen möglichen Zwecke gegeneinander rational abwägt.
2. Das wertrationale Handeln: Es ist bestimmt durch „bewußten Glauben" an den ethischen, ästhetischen, religiösen oder wie immer sonst zu deutenden unbedingten Eigenwert eines bestimmten Sichverhaltens rein als solchen und unabhängig vom Erfolg.

3. Das affektuelle Handeln: Insbesondere die emotionale Form des affektuellen Handelns ist durch aktuelle Affekte und Gefühlslagen bestimmt.

4. Das traditionale Handeln: Es ist durch eingelebte Gewohnheit bestimmt.

Es handelt sich um idealtypische Begriffskonstruktionen. So ist absolute Zweckrationalität des Handelns ein konstruktiver Grenzfall. Ausgangspunkt der Handlungstheorie ist eher das Individuum in seiner Bezogenheit auf andere als die Struktur des sozialen Systems.

Handlungsrationale Elemente in der kontroversen Argumentation

Im Rückgriff auf verschiedene Bestandteile des modernen Rationalismus ist es zweckmäßig, ein Modell rationalen Verhaltens in Konfliktgesprächen und wissenschaftlichen Diskursen zu entwerfen. Ein derartiges idealtypisches Modell argumentativen Handelns ist eine an der Entwicklung des modernen europäischen Rationalismus orientierte Konstruktion, die dazu dient, den jeweiligen Abstand zwischen modellhafter Konstruktion und kultureller Wirklichkeit zu messen. Dabei ist nicht zu übersehen, daß die meisten in unserer gesellschaftlichen Wirklichkeit anzutreffenden Dialoge und Auseinandersetzungen nicht rational ablaufen. Das Modell zeigt Möglichkeiten auf, wie Dialoge, die Provokationen und sonstige Aggressionen enthalten, abgeändert werden müßten, wenn sie den vom Kontrahenten gewünschten Erfolg haben sollen.
Der Begriff rational ist so stark mit Bedeutungen und Interpretationen besetzt, daß der Rekurs auf die lexikalische Bedeutung als Ausgangspunkt aller Verwendungsmöglichkeiten angesehen werden sollte. Der lateinische Terminus *ratio* bedeutet: Rechenschaft; geschäftliche Berechnung; Berücksichtigung; Beachtung; Interesse; Vorteil; berechnetes Verhältnis; Gesetzmäßigkeit; Ordnung; Denkart; Grundsatz; Einrichtung; das Denken; die Vernunft; vernünftiger Grund; Begründung; Beweisführung; Wissenschaft; System; Theorie; Lehre (Heinichen 1931). Rationalismus in dem von M. We-

ber (1951) beschriebenen Sinne bedeutet die Beherrschung der Wirklichkeit durch Berechnung im Sinne der Berechenbarkeit des Erfolgs, der Anwendung berechenbarer Regeln, des Bezugs auf Gründe und Regeln, der Abwägung von Zwecken und Mitteln und der Überholbarkeit des Wissens und Urteils. Rationalismus bedeutet ferner im Rückgriff auf die Heilsmethodik der Jesuiten die methodische Regulierung allen Denkens und Tuns im Sinne der vollkommen wachen und triebfeindlichen Beherrschung der eigenen körperlichen und seelischen Vorgänge und einer systematischen Lebensreglementierung.
In Anlehnung an einige wesentliche Komponenten der Handlungsrationalität soll für die Zwecke dieser Studie der Rationalitätsfall argumentativen Agierens bedeuten: Die Kontrahenten operieren in erster Linie mit hieb- und stichfesten Begründungen, so daß die Argumente entweder gar nicht oder so wenig wie möglich anfechtbar sind. Da Rationalität auch bedeutet, daß unser Wissen und Urteilen ständig zum Überholtsein bestimmt ist, müssen rationale Äußerungen kritisierbar und damit verbesserungsfähig sein (Habermas 1981, 38ff.). Der Grad der Anfechtbarkeit des vorgetragenen Arguments muß innerhalb eines angebbaren Zeitraums und einer angebbaren Gruppe von Menschen möglichst stark minimalisiert werden, ohne daß die grundsätzliche Kritisierbarkeit dieses Arguments aus der Hand gegeben wird.
Ein auf Erfolg und Durchsetzbarkeit hin orientiertes Argumentieren im Konfliktgespräch erfordert die überzeugende Begründung, wobei möglichst viele Einzelbegründungen gesucht werden müssen, die sich nicht gegenseitig widersprechen, sondern sich gegenseitig abstützen und insgesamt einen durchschlagskräftigen Begründungszusammenhang bilden. Dabei genügt es nicht, daß eine bestimmte Zielgruppe von der Richtigkeit der Argumente überzeugt wird. Vielmehr ist es notwendig, daß eine übergreifende intersubjektive Überprüfung, die unter Umständen auf wissenschaftliche Maßstäbe zurückgreift, wenn es sich um Alltagsprobleme handelt, allen Anfechtungen standhält. Die Berufung auf kollektiv anerkannte Regeln (z. B. Abwählbarkeit der Inhaber von politischen Ämtern in der Demokratie) und Gesetzmäßigkeiten und damit die Aufhebung von Beliebigkeit und Launenhaftigkeit entsprechen der Forderung nach Rationalität.

Handlungstheoretisch orientierte Modelle der Konfliktregulierung

In sehr vielen Fällen sind Konflikte am besten durch die konsequente Anwendung der Maßstäbe der Vernunft zu regulieren oder zu lösen. Zur Beteiligung der Vernunft an der Konfliktregulierung gehört zunächst, daß Vernunft nicht als „kalte", gefühlsentleerte Funktion begriffen wird. Das zweckrationale Handeln ist letztlich nur gedanklich abzutrennen vom affektuellen Handeln. In der Lebenspraxis sind beide Formen des Verhaltens unablösbar miteinander verbunden. Im hier gemeinten Fall tritt die rationale Komponente des Handelns lediglich betont hervor.

Der sachlich orientierte rationale Diskurs als Mittel zur Regulierung von Meinungsdifferenzen und Streitigkeiten

In den sachlich orientierten rationalen Diskurs fließen Ergebnisse wissenschaftlicher Mentalität in Verbindung mit der Befolgung der Gebote der intellektuellen Rechtschaffenheit ein. Die Argumentationsweise, die der Sache das erste und letzte Wort gibt, ist eine Diskussionsstrategie, die an der Einhaltung der geschriebenen und ungeschriebenen Regeln der Rationalität orientiert ist. Rationalität bedeutet, sich an Regeln gebunden zu fühlen, das Wissen um die Begründbarkeit und Begründung der Äußerungen, den Verzicht auf Überreden, Überrumpeln, Angriffe, Ironie, Projektion, Schmeichelei usw., die Bindung an leitende Ideen. Die rationale Argumentation operiert mit Begründungen, die sich gegenseitig abstützen und einen möglichst unwiderlegbaren Begründungszusammenhang darstellen. Dabei genügt die Berufung auf Autoritäten etwa aus Wissenschaft und Forschung nicht oder nicht allein, da auch Autoritäten grundlegenden Irrtümern unterliegen können. Der rationale Diskurs ist so angelegt, daß man den Gegenargumenten besonnen entgegensieht und ihnen ohne Unterwürfigkeit begegnet. Die rationale Argumentation verzichtet auf Lustgewinn und Spektakel. Sie hat dort ihre Grenzen, wo sich hinter der angeblichen Sachanalyse vitale Interessen verbergen, so daß die Sachlichkeit nur aus taktischen Gründen vorgeschoben wird.

Thomas Klare und Peter Krope haben in ihrer gemeinsamen Studie „Verständigung über Alltagsnormen" (1977) ein Modell des rationalen Dialogs entwickelt, das als Verfahren einer undogmatischen Rechtfertigung von Verhaltensnormen bezeichnet wird. Unter rationaler Kommunikation verstehen die Autoren, daß überprüfbare und begründbare Argumente verwendet werden. „Eine solche Form rationalen Kommunizierens schafft eine Gemeinsamkeit in der Absicht, eine Einigung über die zur Diskussion stehenden Probleme zu erzielen. Sie schließt mit der Verpflichtung zur Argumentation die Durchsetzung eigener Positionen auf der Grundlage von Macht aus. Wer also ein kommunikatives Interesse hat, der muß bereit sein, in Konfliktsituationen mit anderen Menschen, die von dieser Situation ebenfalls betroffen sind, einen Dialog mit dem Ziel zu beginnen, eine gemeinsame Beseitigung des Konflikts herbeizuführen" (a. a. O., 125).
Im folgenden sollen die von Klare und Krope dargebotenen 14 Regeln für den rationalen Dialog mitgeteilt werden.

„Gutwilligkeit – kommunikatives Interesse

1. Seien Sie bereit, einen rationalen Dialog über die Annahme bzw. Ablehnung von Normen zu führen, wenn über deren Befolgung Uneinigkeit herrscht.

Offenheit

2. Sorgen Sie dafür, daß prinzipiell jeder an dem Dialog teilnehmen kann.
3. Erkennen Sie jeden Gesprächsbeitrag als argumentationswürdig an.

Unvoreingenommenheit

4. Geben Sie Ihr Vorverständnis bekannt, wenn es verlangt wird, und stellen Sie es der Kritik anheim.
5. Appellieren Sie nicht an ein Vorverständnis der anderen, das Sie selbst für sich als nicht akzeptabel zurückgewiesen haben.
6. Halten Sie nicht wider besseres Wissen an Meinungen fest, sondern akzeptieren Sie bessere Argumente.
7. Zwingen Sie niemanden, unhinterfragten Argumenten zuzustimmen.
8. Bedenken Sie, daß das Gewicht Ihres sozialen Status gute Argumente nicht ersetzt.

9. Versuchen Sie nicht, durch appellative Formeln manipulativ die Zustimmung der anderen zu gewinnen.

Worterläuterungs- und Begründungspflicht
10. Achten Sie darauf, daß jeder Teilnehmer die von Ihnen verwendeten Begriffe in gleicher Weise versteht.
11. Seien Sie bereit, Ihre Aussagen zu begründen, wenn es von Ihnen verlangt wird.

Faktische und normative Genese
12. Stellen Sie Ihr Vorwissen zur Verfügung, wenn es verlangt wird.

Das Vernunftprinzip
13. Argumentieren Sie stets logisch widerspruchsfrei.
14. Gebrauchen Sie stets transsubjektive Argumente." (Transsubjektivität in dem hier gemeinten Sinne bedeutet, „daß das Argument eines jeden Teilnehmers am rationalen Dialog über seine subjektiven Bedürfnisse und Interessen hinausgeht und bereit ist, sich den Argumenten der anderen Teilnehmer am rationalen Dialog auszusetzen") (Klare/Krope 1977, 140).

Das von Klare und Krope vorgelegte Kommunikationskonzept ist aus mehreren Gründen beachtenswert. Der Entwurf ist durch seinen Aufforderungscharakter ein Beitrag zu einem pädagogisch nachahmenswerten Verhalten. Der Aufruf zu demokratisch offenem Verhalten zielt auf die Vermeidung überflüssiger Konflikte: Jeder soll am Dialog teilnehmen können. Jeder Diskussionsbeitrag muß als argumentationswürdig anerkannt werden. Es gibt kein soziales Oben und Unten im Kommunikationsablauf. Der Einsatz von Macht und Manipulation könnte Gegendruck erzeugen und Aggressionen freisetzen, die der Rationalität der Kommunikation schaden könnten. Daher ist der Appell an die Einsicht zu ersetzen durch das vernunftgerechte Argumentieren, wobei jeder in der Lage sein muß, die Worte des anderen zu verstehen. Somit ist bei unterschiedlicher Bildungslage der Gesprächsteilnehmer auf solche Begriffe und Argumentationsweisen zu verzichten, die nicht jeder Anwesende versteht. Durch das gleichgewichtige Verständnis der vorgetragenen Thesen werden Spannungen von vornherein vermieden, die vermutlich dann entstehen würden, wenn ein Teilnehmer seine Kenntnisse ausnutzen würde, um andere Dialogteilnehmer „einzudecken" und mundtot zu machen. Die Zustimmung zu besseren Argumenten anderer, verbunden mit der Überwindung eigener ungeeigneter oder überholter Anschauungen, zielt auf die Fähigkeit der Empathie im Sinne des Einfühlungsvermögens, mehr aber noch auf den Abschied vom autoritätsgebundenen Verhalten, das als starr bekannt ist. Auch die Bereitschaft zum Hinterfragen von Äußerungen und damit zum Aufdecken eines eventuellen Ideologieverdachts wird gefordert: Rationalität der Kommunikation verlangt die Bereitschaft, hinter die Dinge und Worte zu schauen, deren eigentlichem Grund nachzugehen. Ich kann nicht von den anderen etwas verlangen, was für mich selbst schon längst als unannehmbar gilt. Hinter der Argumentation hat nicht die bloße Macht oder der aus sozialer Über- und Unterordnung sich ergebende Zwang zu stehen, sondern die kontinuierliche Möglichkeit und gegebenenfalls Notwendigkeit, alle Aussagen zu begründen, d. h. die Argumentation durchsichtig zu machen, allen Beteiligten die Möglichkeit zu Täuschungen, Verschiebungen, Verstellungen, verschobenen Begründungen zu nehmen und ihnen ein über jeden Zweifel erhabenes Begreifen ohne verworrene Bilder der sinnlichen Anschauung zu vermitteln. Wenn man in der Diskussion den Dingen klar bis auf den Grund nachgeht, verbleibt kein Platz für die manipulative Einflußnahme des einen auf den anderen, vielmehr muß jeder jedem Rechnung tragen; denn *ratio* bedeutet auch immer Berechnung, wenn man die moderne Bedeutung dieses Begriffes berücksichtigt. Im rationalen Dialog stehen nicht impulsive Gefühle, positionsbedingte Nötigungen oder durch Schichtzugehörigkeit als möglich angesehene Zwangsausübung als Mittel der Konfliktregelung zur Verfügung, sondern vielmehr die demokratische Unterordnung unter die Gesetze der Logik und die Bereitschaft, jedes vorgetragene Argument kritisch zu behandeln, es zu durchleuchten und gegebenenfalls mit Hilfe des eigenen Vorwissens zu untermauern und damit abzustützen.

Das von Walter Bühl entworfene Modell der Konfliktstrategie

Das von Bühl (1973, 48ff.) vorgelegte Modell zur Regelung von Konflikten stellt keinen direkten Beitrag zur Strukturierung einer

Verlaufsebene des verbal ausgetragenen Konflikts dar. Es umreißt vielmehr das gesamte Bezugsfeld einer modernen Konfliktregelung.

Die Konfliktstrategie nach Bühl

1. Alle Konflikte müssen als soziale Konflikte angesehen werden. Interpretation: Konflikte entstehen aus der Art des Zusammenlebens der Menschen, nicht etwa aus angeborenen Instinkten heraus.
2. Konflikte werden nicht durch Polarisierung, sondern durch Depolarisierung gelöst. Interpretation: Die Gegnerschaft ist nicht durch Verstärkungsmechanismen hinsichtlich der Polarisierung der Gegensätze zu verschärfen. Vielmehr ist nach Wegen zu suchen, um die Polarisierung abzubauen, z. B. durch Vermittlung in irgendeiner Form.
3. Die gegnerische Konfliktpartei darf niemals zum „Feind" hochstilisiert werden. Interpretation: Die gegnerische Person oder Gruppe muß grundsätzlich als gesprächsfähig angesehen werden. Sie ist niemals ein Feind, den es auszulöschen gilt.
4. Konflikte werden nicht durch ihre volle Manifestierung gelöst, sondern nur durch ihre rechtzeitige Begrenzung. Interpretation: Man befindet sich im Irrtum, wenn man meint, daß die gegnerischen Positionen erst einmal zur vollen Entfaltung und Aufgipfelung gelangen müssen, damit der Konflikt reguliert werden kann. Vielmehr ist die Eskalation zu vermeiden und der Konflikt rechtzeitig in Grenzen zu halten.
5. Konfliktlösungen sind nur in Richtung auf eine Erweiterung des Zeithorizonts sinnvoll. Das heißt, Konfliktlösungen mit einem kurzen Zeithorizont sind immer gefährlich, ungerecht, einseitig oder zerstörerisch. Interpretation: Es hat keinen Zweck, die Regulierung des Konflikts „übers Knie brechen" zu wollen. Man muß sich vielmehr Zeit lassen und die Zeit für sich arbeiten lassen.
6. Endgültige Konfliktlösungen sind weniger wünschenswert als meliorative Konfliktlösungen. Interpretation: Man muß zunächst die Gesamtsituation klären und dann auf dem Wege der kleinen Schritte die Konfliktsituation nach und nach verbessern.
7. Konflikte sind durch sozialen Wandel, nicht durch ein Einfrieren des Wandels zu lösen. Interpretation: Alle Beteiligten müssen grundsätzlich den Wandel bejahen. Wer den Wandel zum Stillstand bringt, sofern dieser bereits angelaufen ist, verhindert die Lösung oder Regulierung des Konflikts.

8. Direkte Konfliktlösungen sind kostspielig und wertvernichtend, indirekte Lösungen sind kostensparend und wertschöpferisch. Interpretation: Wer die Konfliktlösung hier und jetzt direkt anpackt, muß mit höheren „Kosten" im weitesten Sinne rechnen als bei indirekter Konfliktregulierung, die von verschiedenen Seiten und zu verschiedenen Zeiten auf unterschiedlichen Ebenen die Problemlösung anstrebt.
9. Die Konfliktlösung darf nicht monokausal sein, sie sollte mehrdimensional und funktional sein. Es geht darum, den funktionalen Zusammenhang wieder zu sichern, damit ein gedeihliches Zusammenleben möglich ist. Interpretation: Es führt die Bemühung um eine Konfliktregulierung in eine Sackgasse, wenn man an einer Stelle oder in einer bestimmten Person oder Gruppe die Ursache zu finden meint, einer Person „die Schuld zuschiebt". Die Lösung muß sich vielmehr an mehreren Leitlinien orientieren. Sie muß die Komplexität der Entstehungsbedingungen berücksichtigen und so verlaufen, daß der Lebenszusammenhang nicht aufgebrochen wird.
10. Die Konfliktlösung darf nicht reduktiv, sie muß sozialproduktiv sein. Interpretation: Die Lösung des Problems muß die Entwicklung voranbringen. Sie darf die Entwicklung nicht auf frühere Stadien zurückwerfen und die Möglichkeiten der Kontrahenten beschneiden. Vielmehr muß jeder das Empfinden haben: Durch den Konflikt bin ich für mich und in meinem Verhältnis zu anderen ein Stück vorangekommen. Der Konflikt war letztlich förderlich.

Zur Interpretation: Die Bühlsche Konfliktstrategie kann als Hinweis auf die Notwendigkeit gelten, rationale Konfliktdialoge wo immer nur möglich zu pflegen. Wo zwei Kampfhähne ineinander verrannt und verkeilt sind, da muß ein Dritter her und sich einschalten und die Polarisierung aufheben oder schrittweise mildern. Damit dieser Dritte von seiner Mission überzeugt ist, muß gesprochen werden, müssen die Fronten und Interessenlagen geklärt werden. Bühl zielt auf die Mehrdimensionalität des Konfliktfeldes ab. Von großer Bedeutung ist die Einbettung des Konflikts in den Ablauf der Zeit und den damit verbundenen Wandel. Der teleologische Horizont der Strategie ist die Sicherung des funktionalen Zusammenhangs. Dabei bleibt offen, durch welche Moral die Herrschaftsausübung in diesem zu sichernden funktionalen Zusammenhang bestimmt sein darf. Dieser mögliche Vorwurf läßt sich durch das Argument entkräften, daß die Wissenschaft von sich aus darüber keine direkten Entscheidungen treffen kann. Bühls Modell entspricht u. a. dem Geist des Strukturfunktionalismus, für den die Sozialstruktur vielgestaltig ist. Man kann den Gegner schon deswegen nicht zum Feind hochstilisieren, weil dieser noch Träger vieler anderer Rollen ist. Das Modell ist schon deswegen wertvoll, weil es nicht auf die Auslöschung des Gegners abzielt, sondern auf die Wertschöpfung, die mit dem Konflikt einhergehen muß. Der Konflikt wird nicht als destruktives, sondern als konstruktives Medium gesehen. Durch den gesamtgesellschaftlichen Bezug des Bühlschen Modells, das letztlich am Gleichgewichtsprinzip orientiert ist, treten verschiedene Dimensionen der Konfliktregelung notwendig in den Hintergrund: die Leidenschaft der politischen Kampfrede, der Gefühlsausbruch im persönlichen Streitgespräch mit der Wirkung der Ventilation, die Suche nach hilfreichen Methoden in einer Notlage, Angriff und Abwehr usw. Das Bühlsche Konzept steht z. B. im absoluten Gegensatz zu der früheren nationalsozialistischen These, daß Weltanschauungen unfehlbar seien. Es ist auf Vermittlung, Rationalität, Wertschöpfung im soziokulturellen Bereich, Wandel, Fortschritt und Anwendung von durchsetzungsfähigem Alltagshandeln ausgerichtet. Die Anwendung dieses mehr indirekten Leitfadens für die rationale Konfliktregulierung vermeidet die Schuldzuweisung an Minderheiten, Schwache und stigmatisierte Personen und Gruppen. Bühls Strategie beugt somit der Bildung von sozialen Vorurteilen vor. Sie stellt keine Empfehlung für die revolutionäre Lösung von kulturellen Problemen dar und kann somit als Absage an Gewalt und Zerstörung gedeutet werden. Der modellhafte Bezugsrahmen bedarf für den Einzelfall der verbalen Konfliktregulierung der individuellen Zurichtung und Operationalisierung.

Die Einschaltung eines Vermittlers als Strategie der Konfliktlösung

In einer zähflüssigen, schwierigen Verhandlungssituation kann ein Mittelsmann oder eine Mittelsfrau eingeschaltet werden, der/die zwischen die Fronten tritt, um den Dialog voranzubringen und zu einer Lösung zu führen. So kann bei hartnäckigen Tarifverhandlungen zwischen Arbeitgebern und Arbeitnehmern ein Streitschlichter in Funktion treten, dessen Stimme in der Öffentlichkeit das erforderliche Gewicht hat und dessen Integrität unbestritten ist. Die Anrufung eines Schlichters oder einer Schlichtungskommission ist meistens der letzte Ausweg, um zu einer Einigung zu kommen. Vorher wird man bemüht sein, ohne Schlichter zur Einigung zu gelangen; denn in diesem Fall hat man Grund zu der Feststellung, daß man selbst ohne fremde Hilfe in der Lage war, Schwierigkeiten zu bewältigen. Auch in einer Organisation ist die Anrufung eines Vermittlers oder einer entsprechenden Kommission der letzte Ausweg, den man erst beschreitet, wenn eine völlige Stagnation im Anlauf zum Problemlösungsversuch eingetreten ist. Der Auftritt der Kontrahenten vor einer Schlichtungskommission bringt die Gefahr mit sich, daß die Fragen in unbequeme, persönliche oder sogar intime Zonen vordringen können. Bevor man sich diesem Risiko aussetzt, macht man möglicherweise lieber Zugeständnisse, geht auf einen Kompromiß ein oder schickt sich ins Unvermeidliche. Die Vermittlerperson muß zumindest vorübergehend in der Lage sein, persönliche Voreingenommenheiten, Vorurteile und vielleicht auch Werturteile zurückzustellen. Oder sie muß immer schon über ein hohes Maß an affektiver Neutralität, Einfühlungsvermögen, Gerechtigkeitssinn oder Beliebtheit verfügen. Die Funktion des Vermittlers besteht darin, „die beiden Antagonisten zur gegenseitigen Annahme irgendeines Punktes innerhalb des Vereinbarkeitsbereiches zu bewegen" (Galtung 1973, 134). Die Einschaltung eines Vermittlers ist auch in intimen Konfliktsituationen möglich. So kann die Eheberatung z. B. eine Vermittlungs- und Konsolidierungsaufgabe in einer kritischen Phase übernehmen. Diese Methode der Konfliktregulierung zielt auf die Ebene der Rationalität und Regelung der Auseinandersetzung nach den Maßstäben der Vernunft und nicht der Gewalt und ist daher in entsprechenden Situationen zweckmäßig. Mit Recht weist Bühl auf die Dynamik der Einschaltung einer dritten Person oder Partei hin: „Nicht nur, daß mit der Einbeziehung Dritter auch inhaltlich ganz neue Variablen eingeführt werden, ist die dritte Person oder Partei auch dazu gezwungen, einen mittleren Weg zu suchen und objektivierbare Normen anzuwenden – schon um ihre vermittelnde Position halten zu können. Würde sie die Asymmetrie zwischen den konfligierenden Parteien zu sehr verstärken, geriete sie in Gefahr, selbst Konfliktpartei zu werden. Sie muß außerdem stets darauf sehen, die Dinge in Fluß zu halten, denn sonst geht sie ihrer Rolle ebenfalls verlustig" (Bühl 1973, 31).

Die Niederlage-lose Methode als strategisches Mittel der Konfliktregulierung

Diese von Thomas Gordon beschriebene und begünstigte Methode der Konfliktbewältigung setzt sich das Ziel, daß kein Diskussionspartner unterliegt. Gordon bemerkt: „Geschäftspartner verlassen sich auf sie, um aus ihren häufigen Konflikten heraus eine Einigung zu erreichen. Gewerkschaften und Manager von Wirtschaftsbetrieben gebrauchen sie, um Verträge auszuhandeln, die beide Organisationen bereit sind einzuhalten. Und zahllose Rechtsfälle außerhalb des Gerichts werden durch Vergleiche gelöst, die durch Methode III (d. i. diejenige der Niederlage-losen Konfliktbewältigung, J. D.) erreicht werden und denen beide Parteien zustimmen" (Gordon 1972, 186).
Diese Methode ist besonders geeignet zur Konfliktregelung zwischen solchen Personen, die die gleiche oder eine relativ gleiche Macht besitzen. Gordon beschreibt seine Erfolgsmethode weiterhin mit den folgenden Worten: „Elternteil und Kind stehen vor einer Bedürfniskonflikt-Situation. Der Elternteil bittet das Kind, sich gemeinsam mit ihm an der Suche nach einer für beide annehmbaren Lösung zu beteiligen. Einer oder beide können mögliche Lösungen vorschlagen. Sie beurteilen sie kritisch und entscheiden sich schließlich für eine für beide annehmbare, endgültige Lösung. Nachdem man sich für eine Lösung entschieden hat, braucht keiner sie dem anderen schmackhaft zu machen, denn beide haben sie bereits akzeptiert. Machtanwendung ist nicht notwendig, um eine Einwilligung zu erzwingen, denn keiner von beiden sträubt sich gegen die Entscheidung" (Gordon 1972, 187 ff.). Die Niederlage-lose Konfliktlösung hat nach Gordons Auffassung eine Reihe von Vorteilen: Die Chancen vergrößern sich, eine Lösung von hoher Qualität zu finden. Die Methode entwickelt das Denkvermögen der Kinder. Es gibt weniger Feindseligkeit und mehr Zuneigung. Die Notwendigkeit zur Machtanwendung entfällt. Die Kinder werden wie Erwachsene behandelt. Gordon wendet seine Methode auch auf den schulischen Bereich an. Er beschreibt den Problemlösungsprozeß in sechs Stufen:

1. Definition des Problems: Die klare Definition des Konflikts ist schon dessen halbe Lösung.

2. Sammlung möglicher Lösungen: Die Schüler werden zur Teilnahme am Gespräch ermutigt.
3. Wertung der Lösungsvorschläge: Der Bewertungsprozeß wird mit Fragen eingeleitet, die keine Antwort vorwegnehmen.
4. Die Entscheidung: Arbeiten Sie auf einen Konsens hin! Fixieren Sie die gefundene Lösung schriftlich!
5. Die Realisierung der Entscheidung: Die Gruppe entscheidet über die Art des Vorgehens.
6. Beurteilung des Erfolgs: „Ein erfreuliches (und offensichtliches) Kriterium des Erfolgs . . . ist das Verschwinden des Konflikts, das Fehlen von Streitereien, Unzufriedenheit und negativen Gefühlen" (Gordon 1977, 203).

Gordons Methode der Konfliktlösung ohne Sieg und Niederlage verdient im pädagogischen und psychologischen Bereich große Beachtung, da sie tendenziell der Humanisierung der sozialen Beziehungen und dem Abbau vermeidbarer Herrschaft und Autorität dient. Die illusionslose Beurteilung der Strukturen heutiger Gesellschaften in den verschiedenen Gebieten der Welt stößt überall auf verbesserungsfähige Herrschaftsstrukturen, die sich durch pädagogische Bemühungen und Therapien nur sehr geringfügig variieren lassen. Daher ist der Anwendungsspielraum dieser Methode begrenzt, so wertvoll sie auch erscheinen mag.

Modelle des Aushandelns nach Thomas C. Schelling sowie Roger Fisher und William Ury

Schelling (1973, 243ff.) unterscheidet eine Reihe von institutionellen und strukturellen Merkmalen des Aushandelns:

1. Die Einschaltung eines Verhandlungsbeauftragten hat Einfluß auf die Selbstbindung der Verhandlungspartner.
2. Ein wirksames Mittel der Selbstbindung ist die Verpfändung des eigenen Ansehens durch Öffentlichkeit der Verhandlung.
3. Bei sich überschneidenden Verhandlungen liegt der Vorteil bei derjenigen Partei, die überzeugend darlegen kann, daß sie noch in anderen Verhandlungen steht.

4. Ein Sonderfall der miteinander verbundenen Verhandlungen liegt vor, wenn die gleichen zwei Parteien noch über andere Gegenstände verhandeln.
5. Die Begrenzung der Tagesordnung ist nicht gleichgültig für das Verhandlungsergebnis.
6. Eine Möglichkeit der Kompensation ist dann gegeben, wenn zwei gleichzeitig stattfindende Verhandlungen aneinandergekoppelt werden. Wenn Übereinstimmung in einer Sache erreicht werden soll, die sozusagen unteilbar ist, so beruht jede mögliche Kostenverteilung auf einem entsprechenden Ausgleich.
7. Der Mechanismus der Verhandlung wird durch eine Reihe von Einzelheiten bestimmt, so z. B. eine mögliche Strafe für Bluffs, Übermittlung von falschen Informationen, Anheuerung eines Beauftragten, der vorgibt, interessiert zu sein (Strohmann).
8. Prinzipien: Selbstverpflichtungen müssen gewöhnlich qualitativ und nicht quantitativ sein. Sie müssen überzeugend und begründbar sein. Auf Präzedenzfälle kann man in verschiedener Weise zurückgreifen.
9. Spitzfindigkeiten können die Verhandlung mitbestimmen.

Kritische Würdigung: Das Schellingsche Modell des Aushandelns ist mehr eine Aufzählung von Taktiken, Erfordernissen und Merkmalen als ein in sich geschlossenes logisches System. Die Reihe der angeführten Taktiken ließe sich erheblich erweitern. Das Modell bietet eine Fülle von Anregungen und Bedingungen. Es ist durchaus erweiterungsfähig, z. B. in Richtung auf Kompromisse. Von Interesse wäre auch die jeweilige Motivation zur Wahl der Methode des Aushandelns. Wenn jemand z. B. sein Haus verkaufen will oder muß, so kann er sich für einen Festpreis oder einen Verhandlungspreis entscheiden. Im letzteren Fall werden sich möglicherweise mehr Interessenten für das angebotene Objekt melden als im ersteren. Der Anbieter hat den Nachteil, daß er mehr Zeit für Verkaufsgespräche aufwenden muß. Er hat aber den Vorteil, daß er mehr kritische Gesichtspunkte hinsichtlich der Beurteilung des Objekts gewinnen kann und unter Umständen in der Lage ist, einen Interessenten, der ursprünglich eine geringere Summe als die zur Diskussion stehende anlegen wollte, auf ein höheres Preisniveau zu bringen. Von Interesse wäre auch die Erörterung der Frage nach der Machtposition eines Verhandlungspartners.

Das von Fisher/Ury entwickelte „Harvard Negotiation Project" an der Harvard Universität widmet sich der Verbesserung von Theorie und Praxis des Verhandelns, des Vermittelns und der Konfliktbewältigung (1984, 205). Grundlegend für das Buch ist die Frage: Wie können Menschen am besten mit ihren Differenzen umgehen? Es führt die Methode des „sachbezogenen Verhandelns" vor. Die in der ausführlichen Studie erteilten Ratschläge und Handlungsanweisungen sind unmittelbar auf die Alltagspraxis des Verhandelns in den verschiedensten Bereichen des privaten und öffentlichen Lebens bezogen. Die Autoren gehen davon aus, daß Gerangel um Positionen in der Verhandlung unkluge Einigungen provoziert und Gefahren für künftige Beziehungen birgt. Die Alternative wird in vier Sätzen zusammengefaßt:

1. Menschen und Probleme getrennt voneinander behandeln!
2. Nicht Positionen, sondern Interessen in den Mittelpunkt stellen!
3. Vor der Entscheidung verschiedene Wahlmöglichkeiten entwikkeln!
4. Das Ergebnis auf objektiven Entscheidungsprinzipien aufbauen!

Zu 1. Direktiven: Versetzen Sie sich in die Lage der anderen! Leiten Sie die Absichten anderer niemals aus Ihren eigenen Befürchtungen ab! Schieben Sie die Schuld an Ihren eigenen Problemen nicht der Gegenseite zu! Sprechen Sie über die Vorstellungen beider Seiten! Suchen Sie die Vorstellungen der Gegenseite auf unerwartete Weise zu nutzen! Beteiligen Sie die Gegenseite am Ergebnis! Sorgen Sie dafür, daß sie sich am Verhandlungsprozeß beteiligt! Stimmen Sie Ihre Vorschläge auf das Wertsystem der anderen ab! Artikulieren Sie Ihre Emotionen und erkennen Sie deren Berechtigung an! Gestatten Sie der Gegenseite, Dampf abzulassen! Reagieren Sie nicht auf emotionale Ausbrüche! Benutzen Sie auch symbolische Gesten (eine rote Rose schenken usw.)! Hören Sie aufmerksam zu und geben Sie Rückmeldung über das, was gesagt wurde! Sprechen Sie so, daß man Sie auch versteht! Reden Sie über sich, nicht über die Gegenseite! Sprechen Sie mit einer bestimmten Absicht! Bauen Sie aktive Beziehungen auf! Gehen Sie das Problem an – und nicht die Menschen!

Zu 2.: Das Problem wird durch Interessen bestimmt. Hinter gegensätzlichen Positionen liegen sowohl gemeinsame und ausgleichbare

Interessen als auch sich widersprechende. Sehen Sie sich jede Position an, die die anderen einnehmen, und fragen Sie: „Warum?". Fragen Sie: „Warum nicht?". Und denken Sie dabei an die Wahlmöglichkeiten der Gegenseite! Erkennen Sie, daß beide Seiten vielfältige Interessen haben! Die wichtigsten Interessen sind die menschlichen Grundbedürfnisse. Sprechen Sie über die Interessen! Machen Sie Ihre Interessen deutlich! Erkennen Sie die Interessen als Teil des Problems an! Stellen Sie das Problem dar, bevor Sie antworten! Schauen Sie nach vorne, nicht rückwärts! Seien Sie bestimmt, aber flexibel! Seien Sie hart in der Sache, aber sanft zu den beteiligten Menschen!

Zu 3. Rezepte: Wer kreative Wahlmöglichkeiten entwickeln will, muß erstens den Prozeß des Findens von Optionen von der Beurteilung eben dieser Optionen trennen; zweitens danach trachten, die Zahl der Optionen eher zu vermehren als nach der *einen* Lösung zu suchen; drittens nach Vorteilen für alle Seiten Ausschau halten; viertens Vorschläge entwickeln, die den anderen die Entscheidung erleichtern (a. a. O., 91). Ziehen Sie auch ein Brainstorming mit der Gegenseite in Betracht! Vervielfältigen Sie die Wahlmöglichkeiten, indem Sie zwischen Besonderem und Allgemeinem pendeln! Betrachten Sie die Sache vom Standpunkt verschiedener Experten aus! Suchen Sie nach Problemlösungen mit unterschiedlichem Wirkungsgrad! Verändern Sie die Reichweite der vorgeschlagenen Übereinkunft! Suchen Sie nach Vorteilen für beide Seiten! Finden Sie die gemeinsamen Interessen heraus! Verschmelzen Sie unterschiedliche Interessen! Erkunden Sie die Hauptanliegen der Gegenseite! Erleichtern Sie der Gegenseite die Entscheidung! Drohungen helfen nicht!

Zu 4.: Bestehen Sie auf der Anwendung objektiver Kriterien! Funktionieren Sie jeden Streitfall zur gemeinsamen Suche nach objektiven Kriterien um! Argumentieren Sie vernünftig – und seien Sie selbst offen gegenüber solchen Argumenten, die auf einsichtigen Kriterien beruhen und die sagen, wie man sie entsprechend umsetzen soll! Geben Sie niemals irgendwelchem Druck nach, beugen Sie sich nur (sinnvollen) Prinzipien! Legen Sie sich entschieden, aber flexibel auf die Verwendung objektiver Kriterien fest (a. a. O., 128)! Einigen Sie sich zuerst über die Prinzipien! Argumentieren Sie vernünftig – und seien Sie solcher Argumentation gegenüber selbst offen!
Und wenn die Gegenseite stärker ist:

Entwickeln Sie die „Beste Alternative"! Schützen Sie sich durch die Verwendung eines Limits! Ziehen Sie einen Stolperdraht! Machen Sie das Beste aus Ihren Möglichkeiten! Je attraktiver Ihre „Beste Alternative" ist, um so größer ist Ihre Macht! Entwickeln Sie Ihre „Beste Alternative"! Untersuchen Sie auch die „Beste Alternative" der Gegenseite!

Und wenn die anderen nicht mitspielen?

Verwenden Sie das Verhandlungs-Judo! Wenn die anderen kräftig zuschlagen, werden Sie zu einer ebenso kräftigen Antwort neigen. Wenn Sie angegriffen werden, schreiten Sie zur Gegenattacke (a. a. O., 155). Greifen Sie nicht die Position der anderen an, werfen Sie lieber einen Blick dahinter! Verteidigen Sie nicht Ihre Vorstellungen, laden Sie die Gegenseite zu Kritik und Ratschlag ein! Gestalten Sie persönliche Angriffe in sachbezogene Auseinandersetzungen um! Stellen Sie Fragen und nutzen Sie auch die Macht des Schweigens!

Und wenn man schmutzige Tricks verwendet:

Wenn die Gegenseite offenbar trickreiche Taktiken anwendet, handelt man die Spielregeln der Verhandlung am besten in drei Schritten aus: die Taktik erkennen, den Streitpunkt artikulieren und die Legitimität und Annehmbarkeit der Taktik hinterfragen. „Darüber sollten Sie dann verhandeln" (Fisher/Ury 1984, 205).

Ein paar übliche Verhandlungstricks: Absichtlicher Betrug, gefälschte Fakten, unklare Vollmachten, zweifelhafte Absichten, unvollständige Information. Maxime: Lassen Sie sich nicht zum Opfer machen!

Kritische Würdigung des Harvard-Konzepts: Das von Fisher/Ury entwickelte Modell für sachgerechtes Verhandeln kann als System von Verhaltensmaximen in Verhandlungssituationen verstanden werden. Alltagserfahrung wird am Begriff des sozialen Handelns gemessen, das grundsätzlich am Verhalten anderer orientiert ist und ständig darauf Bezug nimmt. Die grundlegende Position der Verhandelnden ist rational in dem Sinne, daß angestrebt wird, in Verhandlungen jeglicher Art der Sache das entscheidende Wort zu geben und die Mannigfaltigkeit der Dinge differenziert zu betrachten, z. B. Menschen und Probleme gesondert zu sehen. Rational ist das Konzept insofern, als sich alle Beteiligten an bestimmte Regeln zu halten haben, so daß die Verhandlung gar nicht erst in die Sphäre der Machtausübung und Willkür hineingerät. Ein Verhandlungspartner hat dem anderen Rechnung zu tragen. Der Sieg des einen kann nicht die Niederlage des anderen sein. Vielmehr sind die Interessen des anderen immer in das Verhandlungskalkül einzubeziehen. Verhandlungen erfordern aktives Handeln der Beteiligten, die über die Grenzen ihres eigenen personalen Kreises hinwegblicken müssen. Grundsätzlich wird der Kategorie der Möglichkeit ein breiter Spielraum gegeben. Damit gewinnt die Gruppe der Lösungsalternativen an Bedeutung. Verhaltensstarrheit weicht Flexibilität und Dynamik. Überwunden wird das antiquierte Modell des „Auge um Auge, Zahn um Zahn", ohne daß das Gleichgewichtsdenken, das dem Strukturfunktionalismus innewohnt, völlig aus der Hand gegeben wird. Rational ist auch der Verzicht auf Machteinsatz und Drohung zu nennen. Insgesamt bedeuten die von Fisher/Ury entworfenen Maximen eine Operationalisierung rational orientierten Konflikthandelns für den Alltagsgebrauch ohne umfassende wissenschaftliche Stringenz. Die theoretische Bezugslinie besteht darin, daß antagonistisches Handeln im Rahmen der Möglichkeiten und der jeweiligen Situation in Konsensus-Handeln hinübergeführt wird, so daß es funktional tauglich ist für den Einbau in das soziokulturelle System. Die zahlreichen Empfehlungen für das Konfliktverhalten können nicht als unanfechtbares System angesehen werden, aus dem die gesamte antagonistische Wirklichkeit deduziert werden kann. Die soziokulturelle Wirklichkeit läßt sich nicht aus Bündeln von Gesetzen deduzieren, wie Max Weber vor langer Zeit bereits gezeigt hat. Wohl aber ist das Harvard-Konzept von Fisher/Ury ein rational diskutables System, das von Fall zu Fall auf Anwendbarkeit geprüft werden und in umfassenden Akten intersubjektiver Kritik an Gültigkeit gewinnen kann.

Das Rollenspiel als Methode zur Lösung von Konfliktsituationen

Für Fanny und George Shaftel ist das Rollenspiel eine Art Einübung in die Wirklichkeit (Shaftel u. a. 1974, 49). Das Rollenspiel als Entscheidungstraining gibt Personen und Gruppen die Möglichkeit, problematische Ereignisse noch einmal zu erleben, die Geschehnisse zu explorieren und zu überlegen, was passiert wäre, wenn man andere Lösungen gewählt hätte. Im Rollenspiel lernt man, sich in die Situation des anderen hineinzuversetzen, wenn man die Rollen austauscht. Der Ablauf eines Rollenspiels vollzieht sich nach dem Modell von Shaftel/Shaftel in den folgenden Stufen:

1. Die Gruppe „aufwärmen", d. h. mit dem Problem konfrontieren.
2. Teilnehmer für das Rollenspiel suchen.
3. Planen des Szenenaufbaus.
4. Zuschauer auf ihre Rollen als teilnehmende Beobachter einstellen.
5. Das Rollenspiel ausführen.
6. Diskussion und Bewertung.
7. Weitere Spiele ausführen (revidierte Rollen, Suchen neuer Alternativen, Ausspielen weiterer vorgeschlagener Schritte).
8. Weitere Diskussionen führen.
9. Erfahrungen austauschen und verallgemeinern.

K. A. Daigl unterscheidet: 1. Anwärmphase; 2. Aktivierungsphase; 3. Spielphase; 4. Feedbackphase; 5. Reflexionsphase (1988, 29ff.).
Das Rollenspiel sensibilisiert für die Gefühle anderer Menschen. Der Rollenspieler lernt, die möglichen Folgen einer Verhaltensweise zu berücksichtigen. Das Rollenspiel erzieht zur persönlichen Integrität und Gruppenverantwortlichkeit. Es ist ein wichtiges psychotherapeutisches und sozialtherapeutisches Mittel zur Resozialisierung von Problemkindern, das auch bei stationärer Behandlung eingesetzt wird. Die Forschung zeigt, daß das Rollenspiel festgefahrene Einstellungen, Wertmaßstäbe und sogar Selbstkonzepte zu ändern vermag.

Kritische Würdigung und theoretische Zuordnung: Das Rollenspiel im Sinne des Psychodramas (Moreno u. a.) nimmt im Bereich der Soziotherapie und Psychotherapie einen bedeutsamen Platz ein. Der Wert dieser Methode der verbalen Regelung von tiefgreifenden Konflikten (z. B. auch innerhalb der Familie) kann nicht hoch genug eingeschätzt werden. Für Konflikte im außertherapeutischen Bereich (Beispiel: politische Gegner an einem Tisch) eignet sich diese Methode entweder gar nicht oder nur dann, wenn ein als Autorität anerkannter Vermittler eingeschaltet werden kann.
Das Rollenspiel als sozialpädagogisches und sozialtherapeutisches Instrument steht in Verbindung mit der Rollentheorie. Seit R. Linton wird unter Rolle die Gesamtheit der kulturellen Muster bezeichnet,

die mit einem bestimmten Status verbunden sind. Konflikte treten dadurch auf, daß das Individuum in mehrere soziale Kreise eingebunden ist, die unter Umständen recht unterschiedliche Erwartungen an den Rollenträger richten. Die Kunst, zwischen diesen unterschiedlichen und in manchen Situationen auch widersprüchlichen Rollenerwartungen so zu vermitteln, daß die personale Identität nicht verloren geht, sondern eher erhalten oder möglichst weiter gestärkt wird, ist bei den Rollenträgern unterschiedlich ausgeprägt.

Die Methode der Problemlösungsgespräche nach Myrna B. Shure und George Spivack

Shure und Spivack haben in ihrem Buch „Probleme lösen im Gespräch. Erziehung als Hilfe zur Selbsthilfe" (1981) eine Methode entwickelt, durch die das Kind das rationale Durchdenken von Problemen lernt, so daß es selbst entscheiden kann, was es tun will und was nicht. „Nach unserer Methode wird beispielsweise ein Kind, das ein anderes Kind schlägt oder ihm ein Spielzeug wegnimmt, gefragt, warum es das getan hat, was das andere Kind sagte und wie es seine Handlung bewertet. Wir akzeptieren die Antwort des Kindes (unabhängig von ihrem Inhalt), sagen dem Kind aber, daß es in der gegebenen Situation noch weitere Verhaltensmöglichkeiten gibt und fragen es, ob ihm noch andere Verhaltensweisen einfallen, mit denen es sein Problem lösen könnte" (Shure/Spivack 1981, 19). Diese Methode der Konfliktlösung wurde aus den Beratungserfahrungen und Forschungen mit vier- bis fünfjährigen verhaltensgestörten Kindern entwickelt. Die Autoren verstärken das Verhalten der Kinder, wenn diese sich viele Lösungsmöglichkeiten ausdenken. Sie verstärken es nicht, wenn die Kinder nur eine Lösung vorschlagen. Shure und Spivack gehen von der Voraussetzung aus, daß die Flexibilität der Lösungsfindung der entscheidende Punkt bei der Bildung von sozialer Kompetenz ist. Das von den Autoren entwickelte Training ist ein Problemlösungstraining für interpersonale Probleme, das von einem Denk- und Sprachtraining zur Ausbildung solcher Fähigkeiten eingeleitet wird, die zur optimalen Entwicklung der Problemlösefähigkeit notwendig sind (a. a. O., 20).

Die Autoren haben eine Reihe von Spielen entwickelt, mit denen die Begriffe beigebracht werden, die zur Herausbildung der Problemlösefertigkeiten gebraucht werden. So enthalten die Spiele 1 bis 5 die Begriffe: ist; nicht; alle (ganz); mehrere (einige, manche); oder. Das sechste Spiel umfaßt die Einführung in die Begriffe: dasselbe; gleich – anders; verschieden usw. Das vierzehnte Spiel führt die Kinder z. B. in die Fragestellung ein: Wie erfährt man die Vorlieben anderer Menschen? Die Spiele zur Ausbildung von Problemlösefertigkeiten sind strukturiert:

Problem 1 bis 4:	Das Kind soll sich zu alltäglichen interpersonalen Problemen so viele verschiedene Lösungen wie möglich ausdenken (Verfügung über Alternativlösungen).
Problem 5 bis 8:	Das Kind soll sich ausdenken, was bei einer vorgegebenen Handlung als nächstes passieren würde (Herausfinden von Konsequenzen).
Problem 9 bis 12:	Das Kind benennt sofort, wenn es eine Lösung gefunden hat, deren dazugehörige Konsequenz. Es sucht dann zum selben Problem eine zweite Lösung und die dazugehörige Konsequenz usw. (Allgemein: „Wenn ich das tue, wird wahrscheinlich wieder etwas anderes passieren.") (Verknüpfung von Lösungen und dazugehörigen Konsequenzen).

Die Übungen für die Eltern beziehen sich z. B. auf die folgenden Gebiete:

1. Klarheit gewinnen über eigene Gefühle und die anderer Personen.
2. Sensibilität gegenüber den Gefühlen anderer entwickeln.
3. Erkennen, daß verschiedene Menschen verschiedene Vorlieben haben.
4. Methoden der Informationsgewinnung in Problemsituationen entwickeln.
5. Alternativlösungen für Eltern-Kind-Probleme ausdenken und Konsequenzen dieser Lösungen erörtern.
6. Weiter über Alternativlösungen bei Eltern-Kind-Problemen nachdenken und besonders die zeitliche Reihenfolge beachten.
7. Lernen, wie man das Kind zu selbständigen Problemlösungen bringt, die es während der Programmdurchführung erworben hat.

Zur Bewertung der Problemlösungsmethode von Shure/Spivack: Die beschriebene Methode basiert auf einer großen Reihe von wissenschaftlichen Arbeiten aus dem sozialpsychologischen Bereich, von denen sie sich aber doch als eigenständig abgrenzt. Bedeutungsvoll ist das Vordringen der Autoren in das Alter vor Schulbeginn. Die Methode ist auf den therapeutischen Bereich beschränkt. Wenn ein Erwachsener z. B. mit einem 15jährigen Jungen aus der Nachbarschaft über die Art der Schneebeseitigung in Konflikt gerät, muß zu völlig anderen Mitteln der verbalen Auseinandersetzung gegriffen werden. Hier dürfte irgendeine Anwendungsform des rationalen Dialogs (Beispiel: Hinweis auf Schwierigkeiten für das Autofahren bei Anhäufung von Schnee an bestimmten ungeeigneten Stellen) angebracht sein. Die oben beschriebene Methode führt aus der insbesondere bei kleinen Kindern oft anzutreffenden Einseitigkeit der Perspektiven bei der Konfliktlösung heraus. Das Kind lernt, daß es auch noch andere Möglichkeiten der Problemlösung gibt als die von ihm selbst für richtig gehaltenen. Es wird aus der Sackgasse der Absolutsetzung einer bestimmten Lösung des Problems herausgeführt in die Richtung der Relativierung der Perspektiven, die allerdings in jedem einzelnen Streitfall spezifische Grenzen haben dürfte. Flexibilität des Verhaltens hat irgendwo ihre Grenzen, die die Beteiligten nicht zu überschreiten bereit sind. Dennoch ist die frühe Schulung in Beweglichkeit des Handelns und im Ausblick nach funktionalen Alternativen ein durchaus systemgerechter Denkansatz, der am Modell der Anpassung und an der übergreifenden Komplexität der modernen Sozialstrukturen orientiert ist. Eine mannigfaltige soziale Wirklichkeit erfordert mannigfaltige Möglichkeiten der Problemlösung.

Vergleichende Analyse handlungstheoretischer Perspektiven des konfliktregulierenden Dialogs

Die verbale Konfliktregulierung durch den rationalen Dialog ist der grundlegende Einstieg in dieses Problemfeld. Die in der vielgestaltigen wissenschaftlichen Forschung gewonnenen Erkenntnisse über das rationale Handeln des Rollenträgers in sozialen Systemen sind der Ausgangspunkt für jegliche Konfliktregulierung in kleinen Gruppen und übergreifenden sozialen Systemen. Die Begründung liegt nicht nur in dem hohen Stellenwert der Wissenschaft in technisch fortgeschrittenen Industriegesellschaften. Sie liegt auch in der Bereitstellung von mannigfaltigen theoretischen Perspektiven für die praktische Lebensführung. Für viele Bereiche antagonistischer Kommunikation gilt die nur im ersten Moment widersprüchlich klingende Maxime: Die beste Praxis ist eine gute Theorie. Sobald die wissenschaftlich orientierte Analyse des Rationalitätsbegriffs an ihre Grenzen stößt, springen Intuition, Gewohnheitshandeln und situationsbezogenes Verhalten helfend ein; denn der Mensch ist nicht nur ein rationales Wesen, dessen Handeln durch Regeln und Berechenbarkeit verstanden und gelenkt werden kann. Es wäre aber ein verhängnisvoller Irrtum anzunehmen, daß das rationale Handeln im Bereich der Konfliktregulierung dem akademischen Zuständigkeitsgebiet vorbehalten werden müsse. Funktional erforderlich ist vielmehr die größtmögliche Ausbreitung wissenschaftsorientierter Leitlinien und Regeln zur friedlichen und rationalen Regelung von Konflikten: Mancher Gewalttäter hätte seine verabscheuungswürdige Handlung nicht begangen, wenn er rechtzeitig gelernt hätte, seine Probleme im befreienden Gruppengespräch zu bearbeiten.

Der rationale Dialog als ein Modellfall vernunftgerechten Handelns in Konfliktsituationen fügt sich bruchlos ein in das von Bühl entworfene Paradigma der Konfliktstrategie, das grundlegende theoretische Perspektiven mit praktischen Handlungsanweisungen verbindet. Bühls Modell ist durch einen hohen Grad an Rationalität gekennzeichnet. Es fügt das rationale Handeln in einen soziologischen Bezugsrahmen ein. Es steht der vielfach tradierten Mentalität „Auge um Auge, Zahn um Zahn" oder der Gepflogenheit der Blutrache oder dem Bedürfnis des kämpferischen Ausgleichs von Schmähungen und Vergeblichkeitsempfindungen diametral entgegen. Bühls Modell ist nicht mythologisch, sondern rational durchbestimmt.

Während Bühls Paradigma deutliche systemtheoretische und interaktionistische Elemente enthält, ist Gordons Modell der Niederlage-losen Konfliktlösung besonders an der systemtheoretischen Komponente des Gleichgewichtsdenkens ausgerichtet: Wenn der Gegner nicht völlig zu Boden geworfen und gedemütigt wird, sondern wenn man ihm genügend Spielraum zur Wahrung seines Gesichtes gewährt, kann man am ehesten vernünftig mit ihm reden und das Problem bereinigen. Der Verzicht auf Machtanwendung ist ein Beweis für Rationalität. Wer sich nicht durch einen verlorenen Krieg gedemütigt fühlt, der hat auch keinen Grund, zum Zweck des Ausgleichs einen neuen Krieg vom Zaun zu brechen. Er wird durch strukturelle Bedingungen in die Richtung der rationalen Behandlung von Konfliktsituationen gedrängt.

Die Rationalität des Schellingschen Modells liegt darin, daß das Aushandeln grundsätzlich den Verzicht auf Machteinsatz und Gewalt bedeutet. Wer verhandeln will, handelt rational; denn Verhandeln heißt ausgleichen, dem Widersacher Rechnung tragen, soweit das als nötig anzusehen ist. Schelling berücksichtigt die strukturellen Rahmenbedingungen und Interaktionsmechanismen der Verhandlung. Im Unterschied zu Schelling ist das Konzept von Fisher/Ury auf die Systematisierung von Handlungsmaximen angelegt, ohne dieses Konzept theoretisch aufzubereiten und kritisch zu hinterfragen. Die Rationalität dieses Modells konzentriert sich auf die Maxime: Das Ergebnis auf objektiven Entscheidungsprinzipien aufbauen! Das Modell richtet sich an den Erfolgsmanager, nicht so sehr an den wissenschaftlich geschulten Analytiker mit kritischem Akzent. Elemente sozialwissenschaftlicher Theorien (Beispiel: Gestatten Sie der Gegenseite, Dampf abzulassen!) werden verbunden mit reflektierendem Alltagshandeln (Beispiel: Schenken Sie gegebenenfalls eine rote Rose!) und Kavaliersattitüden. Der pragmatische Grundzug der in diesem Modell enthaltenen Pädagogik ist unverkennbar. Auch bei Fisher/Ury tritt, wie bei den übrigen genannten Autoren, Rationalität der Konfliktregulierung auf als Kompensation und Gleichgewichtigkeit. Die Affinität zum strukturfunktionalistischen Ansatz des Equilibriums ist als gegeben anzusehen.

Pragmatisch ist auch der Ansatz des Rollenspiels, das die Einübung in das interpretierende Rollenhandeln des Individuums fördern soll, damit die Struktur des sozialen Systems weiterhin funktioniert. Anweisungen zum praktischen Rollenspiel wie auch Theorien zur sozialen Rolle und zum sozialen Status fügen sich in die funktionalistisch orientierte Theorie des sozialen Handelns und in die Theorie des Interaktionismus ein. Praktisches Rollenhandeln löst die anstehenden Widersprüche durch den reflektierenden Einstieg in die kleine Gruppe (der mitspielenden Interaktionspartner und der Zuschauer) und die Distanzierung von den Selbstzwängen des Ichs. Der Rollenspieler lernt die Rollendistanz durch den Versuch des Ausstiegs aus der Hülse des eigenen Ichs in der Absicht, das Verhalten des Ichs mit den Augen der anderen zu sehen und zu korrigieren. Widersprüche werden durch Formen der Interaktion gelöst. Im Zentrum steht das Individuum in seiner Rolle als Mitmensch, nicht das soziale System. Rollenhandeln zielt auf die Identität des Individuums, nicht des sozialen Systems. Es wird mehr durch die Maßstäbe der Sozialpsychologie und Psychoanalyse bestimmt als durch die Theorie sozialer Systeme. Das praktische Rollenhandeln löst die Widersprüche durch wiederholende Vermittlungen zwischen Rollenspieler und Interaktionspartnern. Die Rationalität des Modells liegt in der Verbesserung der Mechanismen der Sozialisation. Im Rollenspiel wird versucht, die Widersprüche in der Identität des Rollenspielers durch die Rationalität von Vermittlungsvorgängen innerhalb der kleinen Gruppe zu lösen. Im Unterschied zum Rollenspiel, das sich auf den Rahmen der Primärgruppe beschränkt, greift die Rollentheorie auch auf die großen sozialen Systeme über und bezieht sie in die Analyse des individuellen Handelns ein. Die Rollentheorie entwickelt Modelle zur Verortung des Individuums als Kreuzungspunkt sozialer Kreise (vgl. Simmel). Rollenspiel und Rollentheorie sind mehr auf den Ausgleich von Widersprüchen in der personalen Identität hin orientiert als auf zweck- und wertrationales Handeln in soziokulturellen Systemen.

Auch die Problemlösungsmethode von Shure und Spivack zielt auf die Optimierung rationaler Entscheidungen bereits im frühen Kindesalter und damit auf die Einübung des rationalen Durchdenkens von Problemen. Spezifisch rational ist die Aufforderung zur Begründung des eigenen Verhaltens; denn Ratio bedeutet Vernunft und Grund zugleich. Die frühe Schulung im Ausblick nach funktionalen Alternativen läßt diesen Ansatz der verbalen Konfliktlösung in Zusammenhang bringen mit der funktionalistischen Denkweise. Die von Shure und Spivack entwickelte Methode ist handlungstheoretisch orientiert insofern, als das personale Handeln durch den Aufweis von Alternativen flexibilisiert werden soll.

6. Kapitel

Sozialpsychologische und psychoanalytische Bezugsfelder des konfliktregulierenden Dialogs

Die Sozialpsychologie als Teildisziplin der Psychologie befaßt sich u. a. mit den folgenden Themen: Persönlichkeit als soziales Wesen mit Trieben, Strebungen, Gefühlen; zwischenmenschliche Kommunikation; zwischenmenschliche Beziehungen; Beziehung des Individuums zur Gruppe. Die Sozialpsychologie ist mehr am Aufbau der Person und den sozialen Beziehungen der Person zu Gruppen und Systemen interessiert als an den Strukturen sozialer Systeme. Auch die Psychoanalyse ist mehr person- als systemzentriert. Sigmund Freud sieht das Es als die älteste der psychischen Provinzen (Freud 1955). Es enthält vor allem die aus der Körperorganisation stammenden Triebe. Das Ich hat die Aufgabe der Selbstbehauptung und der Vermittlung zwischen Es und Gesellschaft. Das Über-Ich, das durch die Eltern-Kind-Beziehung geprägt wird, sondert sich vom Ich ab und stellt sich ihm entgegen. Es organisiert sich durch die Einflüsse der Gesellschaft. Der Aufbau der Person verläuft in einer Abfolge von Entwicklungsphasen, wobei auch Rückschritte (Regressionen) möglich sind. Die Psychoanalyse zeigt die Macht des Unbewußten auf. Bei dem Bemühen, Unbewußtes in Bewußtes zu überführen, wird häufig Widerstand geleistet, da der Bericht über alle inneren Wahrnehmungen des Patienten mit Peinlichkeiten und Indiskretionen verbunden ist (Freud 1950, 303). Der psychoanalytisch behandelte Patient baut eine Abwehr gegen das Eindringen in seine ganz private Sphäre auf. Freud bezeichnet den pathogenen Vorgang, der durch den Widerstand erwiesen wird, als Verdrängung. Zu den Abwehrmechanismen rechnet man (vgl. Antons 1976, 196ff.) außer der Verdrängung:

(1) die Rationalisierung; d. h., man sucht für eine frustrierende Situation eine Erklärung, die bequem, aber nicht wahrheitsgerecht ist;
(2) die Regression; d. h., man entwickelt sich auf das Benehmen früherer Altersstufen zurück;

(3) den Rückzug; d. h., man gibt auf;
(4) die Verkehrung ins Gegenteil; d. h., man tut aus Rücksicht auf bestehende soziokulturelle Normen das Gegenteil von dem, was man eigentlich tun möchte (z. B. übertriebene Freundlichkeit statt Aggressivität);
(5) die Projektion; d. h., man schreibt einem anderen Gefühle zu, die eigentlich die eigenen sind;
(6) den Autismus; d. h., man verliert den Kontakt mit der Wirklichkeit und konzentriert sich völlig auf die Befriedigung der eigenen Wünsche;
(7) die Identifikation; d. h., man kompensiert frustrierte Bedürfnisse, indem man sich mit Personen identifiziert, deren Rang und Position man selbst nicht erreichen konnte;
(8) das Ungeschehenmachen; d. h., man versucht mit magischen Mitteln oder Symbolhandlungen eine gestörte Ordnung wiederherzustellen.

Die Psychoanalyse ist durch allgemeine Merkmale der historischen Situation der Jahrhundertwende mitgeprägt worden. Daher ist ihr nach wie vor eine personalisierende und subjektivierende Grundperspektive eigen, die einer Ergänzung durch systemtheoretische Aspekte bedarf. Trotzdem vermag sie wichtige Beiträge zur Erklärung des sozialen Handelns in Konfliktsituationen einzubringen.

Verschiedenartige Gefühle im Streitgespräch

Die Teilnehmer an kontroversen Gesprächen werden im Regelfall von Gefühlen beherrscht oder mitbestimmt. Diese Gefühle können völlig verschieden sein: Liebe, Haß, Neid, Rachsucht, Herrschsucht, Unterordnungsbereitschaft, Aggression, Überlegenheitsbedürfnis, Rechtfertigungsbedürfnis, Streben nach Neutralität, Angst, Furcht, Anlehnungsbedürfnis, Gerechtigkeitsempfinden, Bevorzugung (z. B. eines bestimmten Kindes durch die Mutter oder den Vater), Überkompensation usw. Auch in unserer durch den wissenschaftlichen Fortschritt mitbestimmten Zeit wird dem Gefühl ein wichtiger Platz eingeräumt. Dabei geht man von der Grundannahme aus, daß es nützlich ist, Aktivitäten mit positiven Gefühlen zu verbinden. Für den wissenschaftlichen und beruflichen Bereich wird vielfach die Forderung aufgestellt, der sachlich bestimmten Erfüllung der Aufgabe den Vorzug zu geben vor Liebe und Haß. Der im Konfliktgespräch geäußerte Gedanke ist im Regelfall durch irgendeine Leidenschaft getragen, wenn nicht sogar stark bestimmt. Auch eine äußerlich ruhige Redeweise kann durch starke Gefühle geprägt sein, die der Beobachter nicht oder kaum bemerkt. Das Zittern und Flattern der Stimme, die unsichere Art des Vortrags, das betonte, überkompensierende Auftrumpfen, die ungewohnt hohe oder tiefe Stimmlage usw. verraten etwas über die hinter den Worten versteckten Affekte. So kann der effekthaschende Blick in die Runde der Zuhörer auf ausgeprägtes Selbstbewußtsein und Durchsetzungswillen deuten. Das Hervorpressen der Worte oder die ausdrucksvolle Handbewegung als Begleitung der Äußerung lassen auf starke emotionale Getragenheit der Argumentation schließen. Mancher Redende geht davon aus, daß die Erregung im Dialog den Antipoden beeindruckt, mancher bedauert hinterher seinen eigenen affektgeladenen Auftritt und setzt sich neue Ziele für das soziale Lernen. Ob die Glaubwürdigkeit der Aussage durch die Leidenschaftlichkeit des Vortrags gestärkt oder geschwächt wird oder ob sie dadurch gar keinen Einfluß erfährt, ist an den individuellen Fall gebunden. Man kann z. B. auch mit großer Leidenschaft und lauter Überzeugung sich selbst und anderen die Unwahrheit aufdrängen. Somit gibt es gewollte und ungewollte Effekt- und Affektreden. Gefühlsausbrüche im Streitgespräch sind neben anderen Zwecken durch die immerwährende Funktion determiniert, Ventil und Entladung zu sein. Wenn das Gefühl häufig mit dem Streitenden „durchgeht", wenn er sich wiederholt im Affekt „verliert", kann seine Durchschlagskraft abnehmen, so daß er auf Vermittler oder höhere Instanzen (Großeltern, Eltern, Richter, Schiedsmänner usw.) zurückgreifen muß, wenn er nicht aufgeben will. Im öffentlichen Bereich ist es durchaus möglich, daß man die gefühlsbezogene Begleitung der Äußerung zur Gewohnheit macht, so daß möglicherweise die Zuhörer schon auf das Schauspiel warten, an dem man sich ergötzen möchte. Wer leidenschaftlich an die Richtigkeit seiner politisch-kulturellen Überzeugung glaubt, wird vermutlich in bestimmten Grenzsituationen bereit sein, diese Überzeugung auch leidenschaftlich zu vertreten. Die Verletzung der eigenen Empfindungen durch andere motiviert zur Artikulierung des eigenen Standpunktes, unter Umständen verbunden mit leidenschaftlichen Äußerungen. Wenn der Kontrahent seine Worte mit einem Gefühlsausbruch begleitet, kann dieser Vorgang ebenso aggressiv auf den Empfänger wirken wie die Fähigkeit eines anderen Kontrahenten, der in einer brisanten Streitsituation die Ruhe zu bewahren versteht. Wer eine neutrale Einstellung zu einer Sache hat, wird sich vermutlich nicht mit großer Leidenschaft äußern. In vielen privaten und öffentlichen Streitsituationen schadet die stark affektgeladene Äußerung dem Redenden („Pump' Dich doch bloß nicht so auf!" usw.). In anderen Situationen kann das mit großer Leidenschaft vorgetragene Argument einen Prestigezuwachs für den Redenden erbringen, so daß die Leidenschaft eine positive Wirkung ausübt.

Exkurs: Über Stellenwert und Funktion von Gefühlsaufwallungen im Streitgespräch

Gefühlsaufwallungen im Streitgespräch haben jeweils einen bestimmten ungewollten oder gewollten Zweck. Das Empfinden, der eigene Standpunkt werde nicht genügend von den anderen berücksichtigt, kann Ursache für die Entfaltung starker Gefühle sein, ebenso die mangelnde Berücksichtigung der eigenen Bedürfnisse durch andere. Von nicht zu unterschätzender Bedeutung ist hier die ungenügende Befriedigung einzelner persönlicher Bedürfnisse. Wenn man sich von anderen überfahren fühlt, können heftige Gefühle entstehen und Begleiterscheinung des Streitgesprächs sein. Wenn jemand sich übergangen fühlt und die bevorzugte Behandlung eines anderen nicht ertragen will, können leidenschaftliche Gefühlsausbrüche im Streitgespräch die Folge sein. Auch Eifersucht und Nebenbuhlerschaft gehen mit starken Gefühlsaufwallungen einher. Wenn jemand sich aus seiner von ihm selbst bejahten Stellung verdrängt fühlt, etwa aus derjenigen der Ehefrau und Geliebten, dürften mit hoher Wahrscheinlichkeit zahlreiche intensive Gefühlsregungen die Phantasie beflügeln und den Ablauf der Gespräche mitbestimmen. Je stärker sich die gefühlsbezogene Gebundenheit an einen Mitmenschen oder einen Gegenstand entwickelt hat, um so leidenschaftlicher entflammen vermutlich die Gefühle, wenn dieses geliebte Subjekt oder Objekt verloren zu gehen droht oder abspenstig gemacht wird. Möglich sind in solchen Fällen z. B. Beschimpfungen, Wutausbrüche, eisiges Schweigen, Nichtbeachtung, Absondern, Abkapseln, Resignation, Aggressionen in verschiedenen Formen, Drohungen, Racheakte. In solchen Situationen sind die stark entfachten Gefühle der tragende Grund, auf dem die Anstrengungen durchgehalten werden, und Quelle ständig neuer Kraft wie auch schöpferischer Gedanken, mit denen die veränderte Situation bewältigt werden soll. In der akuten Streitsituation regen die entflammten Gefühle die Phantasie an. Beim Durchspielen verschiedener, auch unmöglicher oder ungesetzlicher Strategien werden neue Wege zur Regelung des vorliegenden Konflikts angebahnt. Die so entfalteten schöpferischen wie auch zerstörerischen Abwehrmechanismen sind mögliche Quellen erneuernder Handlungen: Not macht erfinderisch. Wenn die Abwehrmechanismen zu schwach sind, wird dem Konflikt ausgewichen, oder es droht der Zusammenbruch der Persönlichkeit, der Verlust der Identität. Möglich ist des weiteren der Ausweg in die Neurose oder Psychose oder in eine andere Form der Entpersönlichung. Streitgespräche können auch dann von intensiven Gefühlsregungen oder -ausbrüchen getragen werden, wenn Mißverständnisse vorliegen oder wenn man aneinander vorbeiredet. Auch die gegensätzliche Auffassung über einen Sachverhalt kann mit leidenschaftlichen Gefühlsaufwallungen verbunden sein: „Unser Auto ist noch gut – Wir müssen einen neuen Wagen haben!" Eine der zahlreichen weiteren Möglichkeiten für die Entstehung von tiefgreifenden Gefühlsimpulsen liegt darin, daß A einen Sachverhalt eigennützig auslegt und verwendet, während B denselben Sachverhalt zum Nutzen vieler Beteiligter oder der schwächeren Mitglieder einer Gruppe behandelt. Ein gefühlsbetonter Konflikt hat in vielen Fällen die Aufgabe und Folge, zu solchen Interaktionspartnern einen größeren Abstand zu gewinnen, denen man sich bis dahin verbunden fühlte und mit denen umzugehen nunmehr als Folge des Konflikts zur ausgesprochenen Anstrengung geworden ist. Die Herstellung dieses Abstands ist dann eine der Voraussetzungen dafür, daß man den Absprung zur Durchsetzung der eigenen Absicht oder zu einer anderen Lösung des Problems schafft. Bei der Herstellung einer Distanz zum Kontrahenten arbeitet die Zeit an der Lösung des Konflikts im Regelfall mit: Im Laufe der Zeit sieht man die Dinge etwas gelassener, man „gewinnt" Abstand von der Konfliktsituation. Je größer dieser Abstand wird, um so mehr kann die Bereitschaft zum Eintritt in die Phase der Versöhnung oder Vermittlung der Gegensätze wachsen, da das Gefühl, irgendwo Feinde oder Kontrahenten zu haben, deren Gegnerschaft jederzeit aktualisiert werden kann, durchaus als Belastung empfunden werden kann. Daneben ist der gegenläufige Fall denkbar: Man braucht geradezu Gegner, um die eigene Identität voranzubringen und ist folglich an einer schnellen Versöhnung nicht interessiert.

Kontroverses Argumentieren als Mittel der Selbstdarstellung

Jedes antagonistische Gespräch dient grundsätzlich als Mittel zur Selbstentfaltung und Darstellung individueller Qualitäten. Wenn jemand gelernt hat, eine aggressive Frage schlagfertig zu beantworten oder zügig eine Gegenposition aufzubauen, die vom Kontrahenten nicht widerlegt werden kann, liegt eine gelungene Selbstdarstellung vor. Das trifft auch zu, wenn ein Kontrahent seine Argumentation in guter Formulierung und klarem Vortrag ausführt. Das Lernziel der kontrollierten Selbstdarstellung wird erreicht, wenn das Argument des Kontrahenten unter Verzicht auf Vorurteile mit den Mitteln der Logik, unterstützt durch eindeutige Erkenntnisse und allgemeines Einfühlungsvermögen, widerlegt wird. Dabei ist die Schulung im Aufbrechen von Widersprüchen in der Argumentationskette des Kontrahenten ein wirksames Mittel zur Selbstdarstellung. Umgekehrt steht der Kontrahent, dem der Widerspruch nachgewiesen wird, vor der Notwendigkeit, sein Selbstbild zu retten. Hinter Widersprüchen im Konfliktdialog verbergen sich häufig Rationalisierungen in dem Sinne, daß das eigene Vitalinteresse die Richtung der Argumentation bestimmt. Dabei bemüht man sich, die Existenz dieses vitalen Interesses nicht zuzugeben, da sie den Ideologieverdacht aufkommen läßt und mögliche egozentrische Handlungsorientierungen verraten könnte.

Selbstdarstellung kann an bestimmten ethischen Maximen orientiert sein, z. B. an dem Leitsatz: „Ein jeder Mensch hat rechtmäßigen Anspruch auf Achtung von seinen Nebenmenschen, und wechselseitig ist er dazu auch gegen jeden anderen verbunden. Die Menschheit selbst ist eine Würde; denn der Mensch kann von keinem Menschen . . . bloß als Mittel, sondern muß jederzeit zugleich als Zweck gebraucht werden, und darin besteht eben seine Würde (die Persönlichkeit) . . ." (Kant 1959, 462). Die Rationalität solcher Argumentation ist darin begründet, daß das Handeln der Willkür entzogen und in jeder Situation auf einen Leitsatz bezogen wird, wodurch die betreffende soziale Struktur höhergradig überschaubar wird. Die kontrollierte Selbstdarstellung wird dadurch allgemein akzeptabel, daß das Individualbewußtsein sich auf irgendeine respektable Form des Gruppenbewußtseins beruft.

In der dialektischen Logik erhält die Negation einen höheren Stellenwert als die Bejahung. Die Selbstdarstellung der Dialektiker besteht im erfolgreichen Widersprechen und in der Methode, gegen die erfahrenen Widersprüche in Widersprüchen zu denken. So wird der Widerspruch zugleich bejaht und verneint. In Konfliktdialogen kann das überzeugende Widersprechen durchaus prestigefördernd und selbstdarstellend wirken. Wenn jemand wagt, einer vielfach als respektabel angesehenen Auffassung oder Person zu widersprechen, wird ein solches Auftreten bei vielen Zuhörern vermutlich Eindruck machen. Kontinuierliches Neinsagen dagegen wirkt sich auf die von den Negationen unmittelbar Betroffenen deprimierend aus und dürfte Gefühle der Stigmatisierung hinterlassen. Um in einem sozialen System allgemeine Anerkennung zu finden, muß man selbst in einem langen Prozeß des Absagens und Neinsagens flexibel sein und sich in geeigneten Situationen auch einmal zur Zustimmung überwinden, wenn man das verantworten kann. Wenn man in einer ausgesprochen positiv geladenen sozialen Atmosphäre einem Redner widersprechen zu müssen glaubt, wird man den Widerspruch vermutlich sorgfältig „einkleiden" und umschreiben, da man den Kontrahenten nicht direkt verletzen möchte.

Im politischen Machtkampf gehen Selbst- und Gruppendarstellung fließend ineinander über. Wer in der leidenschaftlichen Parlamentsrede gezielt den politischen Gegner angreift, versucht durch den individuellen Vortrag seiner Wertposition seine eigene Partei zu stärken, damit die Stärke seiner Partei bestärkend auf ihn als Individuum zurückwirkt. Die Art des jeweiligen Konfliktbeitrags wird durch das persönliche Temperament und die parteipolitische Grundposition zugleich determiniert. Diejenigen Parteien, die primär an der Erhaltung der vorgegebenen Besitz- und Wertpositionen interessiert sind, neigen als Folge eben dieser strukturellen Bedingungen in brisanten politischen Kampfsituationen dazu, durch das Medium einiger leidenschaftlicher Redner Verteidigungsanstrengungen zu artikulieren, wenn die Erhaltung der Positionen gefährdet ist. Umgekehrt agieren diejenigen Parteien, die primär die Veränderung der vorgegebenen Verteilungs- und Wertpositionen anstreben, mit leidenschaftlichen Kampfreden, wenn sie an der Durchsetzung ihrer Vorstellungen gehindert werden. Die Leidenschaft der Kampfreden liegt nicht allein im persönlichen Temperament begründet, sondern auch in den herrschaftssoziologischen Grundbedingungen.

Angriff und Abwehr im Streitgespräch

Angriff und Abwehr sind bestimmende Elemente des Streitgesprächs. Daher ist die Beantwortung der Frage „Was ist eine Aggression?" von Interesse. Zur Begriffsbestimmung der Aggression sind verschiedene Bestandteile zu rechnen. Hier geht es um die Frage, welche Elemente den Begriff der Aggression am stärksten bestimmen. Dazu werden im folgenden einige Begriffselemente angeboten:

1. Aggression bedeutet die direkte oder indirekte Schädigung eines anderen.
2. Entscheidend ist, daß die Schädigung beabsichtigt ist.
3. Entscheidend ist die Intensität der Schädigung.
4. In der aggressiven Handlung wird ein anderer gestört.
5. Aggression bedeutet Zerstörung.
6. Aggression ist eine affektgeladene Handlung.
7. Aggression bedeutet: Ärger erregen.
8. Aggression bedeutet: Schmerz zufügen, möglicherweise auch ohne Absicht.
9. Aggression bedeutet die Beleidigung anderer.
10. Aggression bedeutet Ich-Erweiterung.
11. Aggression umfaßt Ich-Verteidigung.
12. Unter Aggression versteht man expansiv-dominante Strebungen.
13. In der Aggression spielt das Kontaktbedürfnis eine Rolle.

Zur Erläuterung: Aggression kann zunächst die direkte oder indirekte Schädigung eines anderen bedeuten. Dabei kann die Schädigung mehr oder weniger intensiv beabsichtigt sein. Auch die Störung ist eine Form der Aggression, z. B. die Störung, die ein Wohnungsinhaber seinem Nachbarn durch laute Radiomusik zufügt, wenn die Zwischenwand nicht genügend schallisoliert ist. In den Bereich der Aggressionen gehört ebenso eine affektgeladene Handlung, etwa ein Wutausbruch oder eine Schimpfkanonade. Aggression liegt auch dann vor, wenn man seine Mitmenschen ärgert oder ihnen Schmerz zufügt. Dabei ist zu bedenken, daß es unterschiedliche Grade der Schmerzempfindlichkeit gibt. Auch die Beleidigung gehört in das Feld der Aggressionen. Die Ich-Erweiterung ist eine besondere Form des Angriffs. Wenn jemand sein Ich wichtiger nimmt, als diese Selbstdarstellung von anderen Mitgliedern der Gruppe eingeschätzt wird, fühlen sich die anderen zurückgesetzt oder verletzt. Wer sich selbst mit seinen Belangen und Äußerungen in den Vordergrund rückt, kann durchaus andere in deren Gefühlen verletzen, ohne daß eine derartige Aggression immer allen Beteiligten bewußt wird. Umgekehrt ist die Ich-Verteidigung eine Form der Aggression. Wenn jemand sich in einem spannungsgeladenen Gespräch in mehrfacher Hinsicht selbst verteidigt, so kann dieser Akt als aggressiv empfunden werden, wenn die Stimmführung entsprechend ausfällt und wenn der soziometrische Status das zuläßt oder sogar nahelegt. Verbreitete Formen der Aggression sind die expansiv-dominanten Bestrebungen verschiedener Art, z. B. das Eindringen in die private Sphäre eines Mitmenschen, die Einmischung in die persönlichen Angelegenheiten anderer oder der eindeutige Zweifel an der Richtigkeit der Auffassung anderer.
Neben dem Angriff spielt die Abwehr im Konflikt eine wichtige Rolle. Bewußte und unbewußte, gezielte und ungezielte Abwehrmaßnahmen können auf das Vorhandensein einer nicht ganz gelungenen Form von Identitätsbalance deuten, wobei dieser Begriff besagt, daß das Selbstbewußtsein der Person gestört oder ungleichgewichtig ist. Abwehr und Verteidigung im Konfliktgespräch können auch auf logische Fehleinschätzungen von vorgegebenen Sachverhalten zurückgehen. Meine Abwehr kann verbunden sein mit einem überzeugend vorgetragenen Standpunkt, der mehr oder weniger unanfechtbar ist. In diesem optimalen Fall nehme ich die Kraft zur Abwehr aus der Überzeugung, daß es meinem Gegner nicht gelungen ist, meine Argumente zu widerlegen. Es wäre verfehlt, das Auftreten von Abwehr negativ zu

beurteilen; denn Abwehr ist ebenso wie Angriff im weitesten Sinne des Begriffs Ergebnis aller Komponenten der Persönlichkeit. Wer im Disput eine lange Rede der Selbstrechtfertigung hält, setzt sich dem Verdacht aus, seine Selbstbehauptung zu strapazieren. Im Verlauf der Verteidigungsreden kann durchaus die Phase eintreten, in der die Selbstverteidigung von den anderen als Kommunikationshindernis empfunden wird und negativ zu Buche schlägt.

Wer sich verteidigt, klagt sich an, so lautet ein Sprichwort. Die Berechtigung dieser Behauptung läßt sich nicht so einfach allgemein bejahen oder verneinen. Meine Verteidigungshaltung kann von den anderen als Kommunikationsfalle angesehen werden. Sie deutet auf die Absicht, den eigenen Standpunkt auf jeden Fall durchzubringen. Der Gewinn des einen bedeutet im Regelfall den Verlust des anderen (Nullsummen-Konflikt). Im Verlierer werden negative Gefühle erzeugt. Eine Kommunikationsfalle ist geschaffen worden. Die Verteidigungshaltung kann auch auf einen Mangel an Einfühlungsvermögen im Sinne der Empathie hindeuten, an Elastizität und Flexibilität, an Kompromißbereitschaft. Dabei ist zu bemerken, daß die Wahrheit keineswegs immer in der Mitte liegt. In der Vielzahl der Fälle dürfte der Kompromiß ein geeignetes Mittel zur Regulierung von Konflikten sein. In bestimmten Fällen ist das oben genannte Sprichwort geradezu falsch, z. B. immer dann, wenn sich herausstellt, daß die Wahrheit nicht in der Mitte liegt. In manchen Fällen sind Selbstverteidigung und Abwehr ein geeignetes Mittel, das verlorene Gleichgewicht wiederherzustellen.

Wenn der konfliktregulierende Dialog aus der Phase des Angriffs oder der Abwehr und Selbstverteidigung in eine vernunftbezogene Ebene hineingeführt werden soll, muß die Angriffs- und Verteidigungshaltung nicht nur überwunden werden. Das Gespräch muß darüber hinaus stärker und eindeutiger in die Sphäre der Sachbezogenheit und affektiven Neutralität geleitet werden, z. B. durch den Verzicht auf die Durchsetzung offener oder versteckter Vitalinteressen, die die Argumentation bis dahin bestimmt haben. Eine andere Form der Versachlichung wäre das Bemühen, im partnerzentrierten Zuhören auf die Argumente des Kontrahenten einzugehen.

Die Verteidigungs- wie die Kampfhaltung eines Streitenden sind notwendige Bestandteile der Konfliktdiskussion, sie sind ein notwendiger Durchgang zur Klärung der Standpunkte. Wenn jemand sich verteidigt, so wird ein anders Empfindender dadurch aufgerufen, seine Phantasie und Intelligenz zur Aufweichung dieser Verteidigungshaltung anzustrengen. Diese Herausforderung dient möglicherweise der Profilierung des herausgeforderten Gegners. Sie erfüllt insofern eine positive Aufgabe. Durch die gegenseitige Offenlegung der Interessen und Standpunkte und durch das mögliche kritische Hinterfragen einer fortgesetzt verteidigten Behauptung kann eine Verteidigungshaltung ins Wanken geraten. Die Phase der Verteidigung und Abwehr hat in diesem Fall eine kreative Wirkung, weil durch die soeben beschriebene Aufweichung der Positionen die Diskussion vorangebracht wird. Im Falle des totalen Mißlingens eines Kompromisses oder irgendeiner Vermittlung wird zumindest der Grad der Festigkeit und Überzeugungskraft der Standpunkte geprüft und geklärt. In diesem Fall wird jedenfalls Klarheit darüber geschaffen, daß unter den gegebenen Umständen eine weitere Verständigung nicht zu erzielen ist. Auf dieser Grundlage können neue Konfliktlösungsstrategien entwickelt werden. Sofern die Abwehrhaltung sich der Zeit und Intensität nach verhärtet, muß eine solche Verhaltensweise in der Konfliktdiskussion als Kommunikationshindernis angesehen werden. Verhaltensänderungen des Abwehrenden oder des von der Abwehr Betroffenen oder beider Teile sind erforderlich, wenn der Konflikt einer Regulierung zugeführt werden soll. Von einer Regulierung des Konflikts muß auch dann gesprochen werden, wenn der Schwächere im Laufe der Zeit dem Stärkeren nachzugeben sich gezwungen sieht und sich in die vorgegebene Machtverteilung fügt. Eine solche Konfliktregulierung im Sinne des notgedrungenen Einverständnishandelns ist keine „Lösung" des Streites, weil die verborgenen Gegensätzlichkeiten bei geeigneten Gelegenheiten ständig wieder zum Vorschein kommen können, so daß der Konflikt dann erneut aktualisiert wird.

Sozialpsychologisch und psychoanalytisch orientierte Strategien und taktische Mittel in der antagonistischen Dialogsteuerung

Fehlhandlungen, die man selbst begangen hat, z. B. Lügen, werden auf andere projiziert, weil man nicht gewillt und in der Lage ist, mit dem Bekenntnis der eigenen Fehler zu leben. Wenn ein solcher Fall vorliegt, wird das verdrängte Unbehagen auf andere projiziert, die vielfach schwächer sind als man selbst, so daß Sündenbock-Rollen geschaffen werden. Die Projektion der eigenen Mängel auf andere dient der Entlastung des Ich. Dieser Vorgang braucht sich keineswegs auf die bewußte oder halbbewußte Ebene des Empfindens zu beschränken. Er kann auch zur bewußt angewandten Taktik in der Auseinandersetzung werden. Die Projektion ist eine Art neuer Definition der Situation (vgl. Antons 1976, 198). Es handelt sich um einen Zuschreibungsprozeß, in dem ein Individuum einem anderen Eigenschaften oder Gefühle zuschreibt, die eigentlich seine eigenen sind. C. G. Jung bringt sogar eine weitergehende Definition: „Wir projizieren ungescheut und in der Regel völlig naiv unsere eigene Psychologie auf den Nebenmenschen" (zitiert nach Antons, a. a. O., 198). Treffend bemerkt Antons: „Jedermann schafft sich auf diese Weise eine Reihe von mehr oder weniger imaginären Beziehungen, die ganz auf Projektion beruhen" (a. a. O.).

Projektionen als Bestandteil der Aussagen im Konfliktgespräch

Im konfliktregulierenden Dialog stellt die Projektion eine Art Selbsttherapie dar. Die Projektion ist stimmig, solange die Person sich nur sich selbst zuwendet und damit in unmittelbare Nähe des Autismus rückt, der besagt, daß man von seinen eigenen Wünschen völlig absorbiert ist, so daß die Kommunikation mit der Umwelt gestört ist. Sobald aber im kritischen Austausch von Argumenten die Projektion als solche erkannt und benannt wird, muß der projizierende Dialogpartner von seiner Projektion zurücktreten und sich der ärgerlichen Wirklichkeit anpassen. Es ist auch denkbar, daß jemand seinen Leistungswillen auf andere projiziert, indem er seine eigenen Gefühle hinsichtlich der Belastbarkeit auf andere richtet. Wenn diese „betroffenen" Personen andere Vorstellungen hinsichtlich der Belastbarkeit haben, sind Konflikte die wahrscheinliche Folge. Der eigene Mangel besteht in diesem Fall darin, daß man die Belastbarkeit und Leistungsfähigkeit anderer nicht richtig einschätzt, weil man ausschließlich den Maßstab der eigenen Vorstellungen anlegt. Ein mit harten und gleichzeitig überzeugenden Argumenten geführtes Konfliktgespräch ist nicht nur für einzelne Personen heilsam, deren Projektionen zumindest der Tendenz nach aufgelöst werden, sondern auch für eventuelle weitere Mitglieder und Zuschauer der betreffenden sozialen Gruppe. Die Projektion gehört in die Reihe der Abwehrmechanismen, zu denen Antons die folgenden Vorgänge rechnet: Verdrängung, Rationalisierung, Regression, Rückzug, Verkehrung ins Gegenteil, Projektion, Autismus, Identifikation – Introjektion, Ungeschehenmachen (Antons 1976, 196 ff.). Ein rational geführter Dialog als kontroverse Kommunikation, für den die überlieferten Definitionen der Logik und der Wissenschaften bestimmende Leitlinien sind, zielt auf den stufenweisen Abbau von Abwehrmechanismen, die schließlich nur Nothäfen sind, die man nach Beendigung des Sturms wieder verläßt.

Die Neutralisierung als Handlungsstrategie im konfliktregulierenden Dialog

Wenn jemand den Vorwurf hinnehmen muß, eine ablehnenswerte oder ungeeignete Handlung vollzogen zu haben, hat er verschiedene Möglichkeiten der Reaktion: z. B. Rechtfertigung, Selbstbeschwichtigung oder auch Rationalisierung seines Verhaltens, um seine Identität nicht allzu stark zu gefährden. Wer eine normwidrige Handlung begeht, z. B. ein Verbrechen, eine Zuwiderhandlung, eine Revolution, einen Aufstand usw., wird dazu neigen, schon in der Phase der Vorbereitung dieser Handlung Gründe beizubringen, die die Verletzung kollektiver Normen rechtfertigen sollen. Wenn der betreffende Handlungsträger zur Rechenschaft gezogen wird, kann das Verhör besser verstanden werden, wenn die Beteiligten über die Techniken der Neutralisierung informiert sind. Sykes und Matza nennen fünf Typen der rechtfertigenden Rationalisierung: 1. die Ablehnung der Verantwortung; 2. die Verneinung des Unrechts (Mein Verhalten richtet keinen wirklichen Schaden an.); 3. die Ablehnung des Opfers (Das Unrecht ist in Wirklichkeit kein Unrecht; es ist vielmehr eine Form gerechter Rache oder Bestrafung.); 4. die Verdammung der Verdammenden und 5. die Berufung auf höhere Instanzen (1968, 366 ff.). Übrigens ist die Rechtfertigung auch als Ideologie bezeichnet worden (vgl. Adorno/Dirks 1956, 168).
Neutralisierung im hier gemeinten Sinne heißt: Um vor sich selbst weiterhin bestehen zu können, um nicht von Selbstvorwürfen ständig geplagt zu werden, um einer Differenzierung des Ichs in einen guten und einen schlechten Teil vorzubeugen, werden Gründe so zu-

rechtgelegt, gebündelt und verstärkt, daß es schließlich gelingt, mit sich ins reine zu kommen, zumindest für sich selbst. Dazu kommt, daß nicht selten in der Geschichte ein sogenannter Delinquent eine zukünftig allgemein werdende Norm vorausnimmt. Zunächst wird eine bestimmte Handlung als normabweichend angesehen. Später stellt man fest, daß der Betreffende nur etwas getan hat, was ohnehin „in der Luft" oder „im Zuge der Zeit" lag. Damit wird die ursprüngliche Handlung im Ablauf der Zeit nachträglich gerechtfertigt. Mancher wird sein Handeln nach diesem Modell ausrichten und die Neutralisierung dadurch abstützen. Es kommt auch vor, daß eine Tat, die normalerweise als Verbrechen angesehen wird, von den Tätern, etwa von einer unterdrückten ethnischen Minderheit, als notwendig bezeichnet wird, damit die Welt auf diesem Wege auf den Tatbestand der Unterdrückung aufmerksam wird, weil es auf dem normalen, eingefahrenen Weg der Kommunikationen und Wertsetzungen nicht hinreichend geschieht. So wird das Verbrechen völlig wegneutralisiert und in ein absolut notwendiges Handlungssystem umdefiniert. Eine weitere Form der Neutralisierung besteht darin, daß man gesetzwidrig handelt und dieses Handeln damit rechtfertigt, daß das geltende Recht in bestimmten Hinsichten als einseitig oder unzulänglich anzusehen ist.

Die juristisch orientierte Antithese gegenüber Neutralisierungen wird sich im Prinzip auf das geschriebene Recht stützen und die Unrechtmäßigkeit des neutralisierten Handelns nachweisen. Darüber hinaus kann es nötig sein, sich beim Aufbau von Antithesen auf allgemeine, überlieferte moralische Leitsätze zu berufen. Auch die allgemein anerkannten individuellen und gruppenspezifischen Bedürfnisse (z. B. das funktionale Erfordernis des regelmäßigen Schlafes in Verbindung mit konstanter Ruhestörung) können im gegebenen Fall in die Argumentation eingehen. Nicht-juristisch orientierte Antithesen gegenüber den beschriebenen Neutralisierungen können sich auf die allgemeine Struktur des bestehenden Normensystems in Verbindung mit einem persönlichen Ermessensspielraum beziehen.

Neutralisierungen zielen vielfach gegen den Bestand des geltenden Rechts. Werden sie im Regelfall negiert, so hat das bestehende Recht einen geringen Spielraum für Veränderungen und Flexibilität. Wenn bestimmte Neutralisierungen gründlich geprüft werden und auf ein Minimum an Verständnis treffen, so kann auf diesem Wege der Rechtsprechung einem sozialen Wandel Rechnung getragen werden. Der amerikanische Strukturfunktionalist W. E. Moore (1967, 30ff.) hat in seinem Buch über den „Strukturwandel der Gesellschaft in dem Abschnitt über die ‚Federung' des Systems bemerkt: „Ein System, das von Dauer sein soll, muß ... in der Art, wie es seine Mitglieder zum Befolgen seiner Forderungen veranlaßt, ein gewisses Maß an Elastizität walten lassen, und daraus folgt wiederum die Möglichkeit, ja sogar die Wahrscheinlichkeit, daß es zu Neuerungen kommen wird, so bescheiden sich diese auch ausnehmen mögen." Soziales Handeln muß den Spielraum für sozial-kulturellen Wandel so bemessen, daß einerseits die dynamische Anpassung an den allgemeinen Wandel und andererseits die Sicherheitsbedürfnisse der Mitglieder der Gesellschaft berücksichtigt werden.

Die Verwendung vorgeschobener Begründungen als taktisches Instrument im Streitgespräch

Sehr häufig wird im privaten und öffentlichen Bereich mit verschobenen Begründungen oder Wertsetzungen argumentiert. So nimmt man z. B. nicht an einer wichtigen Vereinssitzung teil. Sobald man wegen des Fehlens angegriffen wird, verteidigt man sich mit dem Argument, man sei mit Rücksicht auf eine dringende Familienangelegenheit nicht abkömmlich gewesen. In Wirklichkeit lag die Absicht zugrunde, den Vereinsvorsitzenden, der die Einladung verteilte, vorübergehend zu ignorieren. Die Verwendung einer vorgeschobenen Begründung ist mit einem Intra-Rollenkonflikt verbunden. Die betreffende Person steht vor der konfliktgeladenen Frage: „Soll ich nun die für meine Gefühle jetzt so unangenehme Begegnung mit dem Vereinsvorsitzenden auf mich nehmen, oder soll ich mir eine Ausrede einfallen lassen, die ich vor mir selbst und vor anderen vertreten kann, ohne daß meine Identität leidet?" Der Wahrheitsgehalt der Ausrede kann dadurch erhöht werden, daß man an dem betreffenden Abend tatsächlich eine dringende Familienangelegenheit erledigt, die man allerdings auch an einem anderen Tag hätte erledigen können. In einem solchen Fall wird die Ausrede durch eine wirkliche, mehr oder weniger überzeugende Begründung ersetzt, so daß man kein schlechtes Gewissen zu haben braucht. Vorgeschobene Begründungen werden aus verschiedenen Anlässen verwendet: Ich schäme mich, die tatsächliche Situation zuzugestehen. Ich fürchte, daß mir Schaden erwächst, wenn ich den wahren Sachverhalt zugebe. Ich befürchte, daß eine gute Beziehung leidet, wenn ich auf die vorgeschobene Begründung verzichte. Ich möchte mir keine Blöße geben, indem ich die Tatsachen zugebe. Ich möchte es vorziehen, vorübergehend nicht offen mit meinem Gesprächspartner zu argumentieren, da die Beziehung gerade jetzt durch andere Belastungsproben unter Druck geraten ist. Ich fürchte, daß der Gesprächspartner verärgert wird, wenn ich den tatsächlichen Sachverhalt benenne, so daß ich einen schweren Arbeitstag vor mir habe.

Die Methode der vorgeschobenen Begründung ist in vielen Konfliktfällen angebracht, um schweren nervlichen Belastungsproben zu entgehen. In anderen Fällen ist sie verstehbar und entschuldbar. Es wird auch Fälle geben, in denen sie kaum oder nicht entschuldbar ist und daher auf jeden Fall durch andere Verhaltensstrategien ersetzt werden muß, z. B. das Wagnis, die Wahrheit zu sagen und Schwierigkeiten auf sich zu nehmen. Die Verwendung vorgeschobener Begründungen kann der Glaubwürdigkeit der Person Abbruch tun.

Die wiederholte Verwendung vorgeschobener Begründungen wird der betreffenden Person Schaden zufügen in einer sozialen Umwelt, die auf Glaubwürdigkeit und Vertrauen Wert legt. Folglich ist es in einer solchen Situation erforderlich, auf vorgeschobene Begründungen völlig oder weitgehend zu verzichten. Dazu ist eine Verhaltens- und Einstellungsänderung erforderlich.

Die Verlagerung des Konfliktgegenstandes als Handlungsstrategie

Es gibt Fälle, in denen der eigentliche Konfliktgegenstand nicht zur Aussprache kommt, weil man dieses Thema wegen der eventuellen Peinlichkeit, aus Gründen der Scham, der Tabuisierung oder aus anderen Gründen umgehen möchte. Der Kampf wird bewußt oder mehr oder weniger unbewußt auf einen Nebenkriegsschauplatz verlegt. Eigentlich sollte man z. B. über die zerrüttete Freundschaft sprechen. Da man aber den Zustand der Zerrüttung nicht wahrhaben und zugeben will, spricht man nicht direkt über ihn, sondern streitet sich statt dessen über die angeblich viel zu milde Behandlung eines Verbrechers oder über das schlechte Benehmen eines Bekannten. Auf dem Nebenkriegsschauplatz kommen die auseinanderklaffenden Gefühle viel leichter zur Kongruenz als durch ein direktes Losgehen auf einen Disput über die Freundschaft. Die Metakommunikation, d. h. die Reflexion über die veränderte Qualität der sozialen Beziehung, wird umgangen zugunsten der Behandlung eines Themas, über das man voraussichtlich Einigkeit erzielt, wie man aus früherer Erfahrung weiß. Die Verlagerung des Konflikts kann zur bewußt angewandten Strategie weitergeführt werden, mit der die Rückkehr zur früheren integren Qualität der Beziehung angesteuert wird. Man bedient sich sozusagen eines Hilfsmittels oder Umweges, um die divergierenden Empfindungen wieder zusammenzuführen. Eine besondere Form der Objektverschiebung besteht darin, daß man dem Disput in einem als geeignet angesehenen Moment eine andere Richtung gibt, um bestimmte zu erwartende Angriffe auf die eigene Person abzuwenden oder gar nicht erst zum Ausdruck kommen zu lassen. Diese Ablenkungstaktik muß dem Umstand Rechnung tragen, daß die dringlichsten Aggressionsbedürfnisse des Widersachers abreagiert werden müssen und dieser das Schwert in die Scheide zurücksteckt.

Vilfredo Pareto (1975, 244) schreibt: „Die Theorien, die Anschauungen der Menschen sind die äußere Hülle der Gefühle, die allein die wirksamen Triebkräfte des menschlichen Handelns sind . . . Die Theorien sind die Sprache des Gefühls." Es wäre verhängnisvoll, die ordnende und regelnde Macht der menschlichen Vernunft aus der Hand zu geben und einen Rückfall in die Mythologie zu vollziehen. Dennoch wirft Paretos Aussage Licht auf die hier verhandelten Vorgänge: Im Falle der Verlagerung des Konfliktgegenstandes nimmt das Gefühl eine andere Sprache oder Hülle an, um durch diese Abhilfsbewegung eine Konfliktlösung zu erzielen.

Zur Methode der Problemlösung in den Encounter-Gruppen nach dem Modell von Carl R. Rogers

Rogers greift auf das gestaltpsychologische Denken K. Lewins und auf die klientbezogene Therapie zurück (Rogers 1974, 11ff.). Die Encounter-Gruppen betonen das persönliche Wachsen sowie die

Entwicklung und Verbesserung der interpersonalen Kommunikation durch einen Erfahrungsprozeß. Sie sind von ihrem Gefüge her einzuordnen in einen Bezugsrahmen, der auch die folgenden verwandten Gruppenformen umfaßt: T-Gruppen (Trainingsgruppen), Sensitivitäts-Trainingsgruppen, aufgabenbezogene Gruppen (hauptsächlich in der Industrie), Sinnesbewußtheitsgruppen, Körperbewußtheitsgruppen, Kreativitätsworkshops, organisatorische Entwicklungsgruppen (mit dem Ziel der Förderung von Führungsqualitäten), Team-Aufbau-Gruppen (Ziel: in der Industrie leistungsfähigere Gruppen zu schaffen), Gestaltgruppen (Ziel: therapeutische Konzentration auf jeweils ein Individuum), Synanon-Gruppen zur Behandlung von Rauschmittelsüchtigen, wobei mitunter die Abwehr der Teilnehmer gewaltsam gebrochen wird. Alle genannten Gruppen erfüllen eine Reihe von Funktionen zur Lösung von intrapsychischen Konflikten und zur Beseitigung von Kommunikationsstörungen:

1. In den genannten Gruppen läßt sich ein psychologisches Klima der Sicherheit herstellen, verbunden mit einer Zunahme der Freiheit des Ausdrucks und einer Verminderung der Abwehr.
2. In einem solchen Gruppenklima werden unmittelbare Gefühlsreaktionen eines jeden Mitglieds gegenüber den anderen und eines jeden Mitglieds gegenüber sich selbst ausgedrückt.
3. In dieser Gruppenatmosphäre entwickelt sich ein Klima gegenseitigen Vertrauens.
4. Jedes Mitglied gelangt zu einer größeren Akzeptierung seines totalen emotionalen, intellektuellen und physischen Seins – so wie es ist, einschließlich seiner Möglichkeiten.
5. Die Möglichkeit einer Veränderung der persönlichen Einstellungen und des Verhaltens erscheint weniger bedrohlich.
6. Es entwickelt sich eine Rückkopplung von einer Person zur anderen. Jeder erfährt, wie das Feedback den anderen erscheint und welchen Einfluß es auf interpersonale Beziehungen hat.
7. Diese größere Freiheit und verbesserte Kommunikation führt nach Rogers' Auffassung zu neuen Ideen, neuen Konzepten und neuen Richtungen.
8. Das Lernen in der Gruppe wirkt sich nach der Gruppenerfahrung zeitweilig oder auch dauerhaft auf die Beziehungen zu Ehegatten,

Kindern, Studenten, Untergebenen, Ebenbürtigen und sogar Überlegenen aus.
Rogers fügt die wichtige Bemerkung hinzu, daß der Stil des Gruppenleiters und sein persönliches Konzept für die Erfahrung und das Verhalten der Gruppe ausschlaggebend sind. Was drängt die Menschen in die Intensiv-Gruppen hinein? Rogers formuliert: „Es ist der Hunger nach engen und wirklichen Beziehungen, in denen Gefühle und Emotionen spontan, ohne Angst und Vorsicht, ausgedrückt werden können, in denen tiefe Erfahrungen – Enttäuschungen und Freuden – geteilt und neue Arten des Verhaltens gewagt und ausprobiert werden können." Encountergruppen sind Reaktionen auf die unpersönliche Qualität von Institutionen. Daher werden sie nach Rogers' Angaben vielfach angegriffen (Rogers 1974, 18).

Über den Prozeß der Encounter-Gruppe:

1. Allgemeine Unsicherheit: Der Gruppenleiter erklärt, daß es sich hier um eine Gruppe mit ungewöhnlicher Freiheit handelt. Die Person A äußert ein Problem und erwartet von der Gruppe eine Reaktion. Die Person B hat ihrerseits nur auf eine Gelegenheit zum Reden gewartet und beginnt von etwas ganz anderem zu sprechen, so als habe sie A gar nicht gehört.
2. Widerstand gegen persönlichen Ausdruck oder Exploration: In der Phase der allgemeinen Unsicherheit enthüllen einige Personen mitunter sehr persönliche Einstellungen, so daß außerordentlich ambivalente Reaktionen bei den übrigen Teilnehmern hervorgerufen werden. Es ist möglich, daß die Mitglieder gebeten werden, anonym etwas über ihre Gefühle, die sie vor der Gruppe nicht zeigen wollen, zu schreiben.
3. Beschreibung vergangener Gefühle: Der Ausdruck von Gefühlen beginnt mehr Raum einzunehmen. So spricht der Angestellte z. B. über die Frustrationen, die er in bestimmten Situationen in seiner Firma erleiden muß.
4. Ausdruck negativer Gefühle: Der erste Ausdruck wirklich signifikanter „Hier und Jetzt"-Gefühle zeigt sich häufig in negativen Einstellungen gegenüber anderen Gruppenmitgliedern.
5. Ausdruck und Erforschung von persönlich wichtigem Material: Im Anschluß an die negativen Erfahrungen beginnt meistens das eine oder andere Mitglied, sich signifikant vor der Gruppe zu offenbaren.
6. Der Ausdruck unmittelbarer interpersonaler Gefühle in der

Gruppe: „Früher oder später beginnen die Gruppenmitglieder, jene Gefühle auszudrücken, die sie anderen Gruppenmitgliedern gegenüber im Augenblick empfinden. Diese Gefühle sind manchmal positiv, ein anderes Mal negativ" (Rogers 1974, 29).

7. Die Entwicklung einer Heilungskapazität in der Gruppe: Rogers stellt fest, daß einer der faszinierendsten Aspekte jeder Intensiv-Gruppe darin besteht, wie eine Anzahl von Gruppenmitgliedern eine natürliche und spontane Fähigkeit beweist, sich mit dem Schmerz und dem Leiden anderer hilfreich, fördernd und therapeutisch zu befassen.

8. Selbst-Akzeptierung und beginnende Veränderung: Das Individuum lernt, sich selbst zu akzeptieren, es selbst zu sein und damit die Grundlage für eine Veränderung zu schaffen.

9. Das Zerschlagen der Fassaden: Die Gruppe findet es mit der Zeit unerträglich, wenn irgendein Mitglied sich ständig hinter einer Maske oder Fassade verbirgt.

10. Das Individuum erhält Feedback: Im Verlauf der Interaktionen erfährt das Individuum, wie es auf andere wirkt.

11. Konfrontation: Das Feedback nimmt die Form von Konfrontationen an, die positiv und auch negativ sein können.

12. Die helfende Beziehung außerhalb der Gruppensitzungen: Die einzelnen Mitglieder helfen einander, wenn jemand z. B. Mühe hat, sich auszudrücken.

13. Die grundlegende Begegnung: Durch die Teilnahme an einer Encounter-Gruppe finden die Menschen einen viel engeren und direkteren Kontakt zueinander.

14. Der Ausdruck positiver Gefühle: Im Verlauf der Sitzungen stellt sich zunehmend ein Gefühl der Wärme und des Vertrauens ein, das nicht nur auf positiven Einstellungen beruht, „sondern auf dem echten Ausdruck positiver wie negativer Gefühle" (Rogers 1974, 42).

15. Das Verhalten ändert sich in der Gruppe: Rogers schließt aus vielfältigen Beobachtungen, daß sich das Verhalten innerhalb der Gruppe selbst häufig ändert.

Kritische Würdigung des Modells der Encounter-Gruppe: Die Anwendung der Methode der Konstituierung von Begegnungsgruppen gehört in den Rahmen der Gruppendynamik (Schneider 1985, 266ff.). Dieses Modell beschreibt eine typische Psychegruppe im Unterschied zur Soziogruppe. Von Psychegruppe wird dann gesprochen, wenn die Gruppenaktivitäten stärker auf die persönlichen Bedürfnisse der Mitglieder und weniger auf überpersönliche Gruppenziele gerichtet sind. In den Soziogruppen dagegen sind die Beziehungen eher unpersönlich, formal und von der Gruppenaufgabe her bestimmt (a. a. O., 39). Damit wird zugleich die arbeitsteilige Behandlung des Problems durch die Psychologie einerseits und die Soziologie andererseits deutlich. Das Anliegen der Soziologie im Sinne der strukturell-funktionalen Tradition mit ihrer unbestrittenen Durchschlagskraft zielt auf die interpretative Analyse der strukturellen Aspekte der Entstehung von Psychegruppen, die aus dem anonymen, bürokratischen und formalisierten Gefüge fortgeschrittener Industriegesellschaften herausführen wollen, ferner auf die Leistungen, die solche Gruppen für therapiebedürftige Personen erbringen, indem sie diesen Menschen die von ihnen vermißte Sicherheit, Geborgenheit und Identität vermitteln. Die soziologische Analyse der Psychegruppen ließe sich erweitern hinsichtlich der Veränderungen im Gefüge dieser Gruppen im Ablauf der Zeit. Die psychologische Komponente dagegen zielt auf die therapeutische Behandlung im Sinne der Vermittlung zunehmender Freiheit des persönlichen Ausdrucks, der Verminderung von Abwehrreaktionen, des Abbaus von Gefühlen der Bedrohung und der Unfähigkeit. Die Gruppe baut das Individuum mit Hilfe des Therapeuten sozusagen auf, indem sie Schwächen der gesamtgesellschaftlichen Struktur auszugleichen sucht. Wer immer in dieser Struktur der übergreifenden Gesellschaft keine Schwächen findet, wird die Begegnungsgruppen als verdächtig ansehen, weil sie sein Bild von der Gesellschaft stören. Encounter-Gruppen als psychosoziale Bewegung sind an der Veränderung der persönlichen Einstellung und des Verhaltens orientiert. Insofern haben sie eine politisch-kulturelle Komponente. Sofern das politisch-kulturelle Missionsbedürfnis dieser Bewegung die genuin wissenschaftlichen Fundamente der Psychoanalyse, Gestaltpsychologie und Sozialpsychologie innerhalb dieses Denkansatzes zu überlagern trachtet, wird sich diese Bewegung keiner universalen Ausbreitung und Duldung auf dem wissenschaftlichen Campus erfreuen können. Der typische Sozialwissenschaftler etwa in dem von Max Weber beschriebenen Sinne ist auf die distanzierte Analyse der sozialen Wirklichkeit unter vorheriger Offenlegung seiner Wertmaßstäbe bedacht, nicht dagegen auf die Veränderung von Einstellungen. Insofern entfernt sich die Encounter-Mentalität von der sozialwissenschaftlichen Tradition und Konvention. Eine wissenschaftslogische

Schwäche weist sie insofern auf, als von „negativen" und „positiven" Gefühlen gesprochen wird. Im sozialwissenschaftlichen Sinne kann ein Gefühl nicht an sich „negativ" oder „positiv" genannt werden. Es fehlt hier der ausdrückliche Bezug auf einen vorgegebenen Zweck, den es zu erreichen gilt. Ein „negatives" Gefühl kann im Hinblick auf die Erreichung einer normalisierten Kommunikation und persönlichen Identität als ein durchaus „positives" Mittel fungieren. Hier nimmt der als „negativ" angesehene Impuls einen „positiven" funktionalen Stellenwert ein. In der beschriebenen Hinsicht erreicht der theoretische Ansatz der Encounter-Gruppen-Methode nicht die üblichen universitären Standards. Dieser Hinweis mag als exemplarische Erklärung für Rogers' Feststellung dienen: „An den meisten Universitäten wird es (das Sensitivitäts-Training, J. D.) immer noch geringschätzig betrachtet" (Rogers 1974, 9). Man kann davon ausgehen, daß die Methode der Encounter-Gruppe möglicherweise mehr den Alltagsbedürfnissen der Gruppen-Psychotherapeuten entspricht als den Standards der internationalen Wissenschaft. Hinsichtlich der objektiven Folgen der Encounter-Gruppen ist zu fragen, ob bestimmte Ausprägungen dieses Ansatzes, der von Rogers selbst als „Bewegung" (a. a. O., 9) bezeichnet wird, in die Richtung einer „Heilsbewegung" weist und sich damit selbst einen politisch-kulturellen Akzent gibt. Ferner ist zu fragen, ob bestimmte Ausprägungen dieses Denk- und Gefühlsansatzes „sakrale" Komponenten annehmen (Ritualisierung des Gruppenverhaltens, Meditationen) und sich dadurch von einer strengen Wissenschaftlichkeit abkoppeln. Von Bedeutung ist auch die Frage, in welchem Umfang und mit welcher Intensität Gefühle der Gruppenmitglieder kontrolliert werden und welche Rolle der Psychotherapeut in dieser Hinsicht übernimmt. Trotz vieler kritischer Einwände ist dieser Ansatz bedeutungsvoll, da intrapsychische Konflikte gemildert oder gelöst werden und die Fähigkeit zur Kommunikation gefördert wird.

Der kathartische Dialog

Katharsis ist die Befreiung von inneren Spannungen und psychischen Konflikten, die Läuterung der Seele. Die ursprüngliche Bedeutung dieses Begriffs besagt: Es wird etwas heruntergenommen; man wird entlastet. Der kathartische Dialog ist ein Gespräch mit psy-

chisch entlastender Wirkung. Der Terminus ist ausdehnbar auf den Bereich der sozialen Interaktion, indem er besagt: Eine Person oder Gruppe wird „entlastet" durch Bekundung bestimmter Vorstellungen über die Ziele dieser Person oder Gruppe, durch die Beantwortung von Fragen und indem man sich auf die Erwartungen anderer einläßt. Die Bereinigung bezieht sich auf die Beseitigung von Unklarheiten und vom möglichen Verdacht, nicht alle erwarteten Auskünfte gegeben zu haben. Der kathartische Dialog hat eine wichtige Funktion überall dort, wo eine Person oder Gruppe Belastungen, Pressionen, Aggressionen, Machtausübungen, ausweglos erscheinende Situationen ertragen muß. Wenn Hegels These wirklichkeitsgerecht ist, daß alles Konkrete in sich widersprüchlich ist und daß man Widersprüche durchstehen muß, dann muß es im Bereich der Kommunikation und Interaktion geeignete Mittel und Wege geben, die bei der Bewältigung der Widersprüche die erforderlichen Beiträge leisten.
Der kathartische Dialog ist ein bedeutsames Mittel zur Regulierung von intrapsychischen und Intra-Rollenkonflikten. Wenn z. B. eine junge Frau vor der Frage steht, ob sie weiterhin ihrem Partner verbunden bleiben soll oder nicht, so ist es denkbar, daß sie den Konflikt nicht allein zur Entscheidung bringen möchte, sondern daß sie Entscheidungshilfe etwa durch die eigene Mutter, ihre Schwester oder Freundin in Anspruch nehmen möchte. Ein derartiger dyadischer Dialog ist dann konfliktär, wenn eine beteiligte Person oder beide beteiligten Personen mit spannungsgeladener Stimme und aggressiven oder defensiven Argumenten Position beziehen. Er ist möglich zwischen Personen, die in einem engen Vertrauensverhältnis stehen und daher bereit sind, der Partnerin intime Empfindungen preiszugeben. Daher haben kathartische Gespräche solcher Art einen besonderen Stellenwert in Familien, die in dieser Hinsicht eine nicht zu unterschätzende Stützungsfunktion für konfliktbeladene Individuen erfüllen, aber auch in Gruppen von Gleichaltrigen oder in anderen Formen der Primärgruppe oder informellen Gruppe oder Dyade. Kathartische Dialoge sind z. B. denkbar zwischen Kindern und Eltern, Freunden und guten Bekannten und Nachbarn, Kollegen am Arbeitsplatz, Parteifreunden, Schülern und Lehrerinnen und Lehrern. In vielen Fällen wird die Dyade oder Gruppe ihre Existenz und ihren Fortbestand intrapsychischen und interpersonalen Kon-

flikten verdanken. Insofern kann man davon ausgehen, daß der kathartische Dialog eine Reaktion auf gesellschaftliche Entfremdung, Anonymität und Widersprüchlichkeit ist. Dabei bleibt zu berücksichtigen, daß ein Widerspruch nicht nur ein allgemeines Gehäuse ist, das sich im Ablauf des Zusammenlebens der Individuen entwickelt und sich zu einer mehr oder weniger objektiven Größe herauskristallisiert. Vielmehr baut jeder daneben seine eigenen Widersprüche auf in dem Sinne, daß auf den einen etwas als Widerspruch wirkt, was für den anderen eine Harmonie oder Einheit ohne besondere Probleme ist. Der Widerspruch ist somit person- und gruppenspezifisch unterschiedlich eingefärbt. Eine Überbrückung hinsichtlich der Unterschiedlichkeit der Strukturierung der Widersprüche über Personen, Gruppen und Organisationen hinweg wird gebunden sein an die Entfaltung der Qualifikation zum gegenseitigen Verstehen sozialen Handelns. Die Arbeit am je individuellen und gruppenspezifischen Widerspruch ist ein fundamentales Anliegen des sozialen Lernens unter pädagogischen Aspekten. Die Ansätze einer verstehenden Psychologie und Soziologie bedürfen einer weiteren Entfaltung.

7. Kapitel

Kommunikationstheoretische Aspekte des konfliktregulierenden Dialogs

Im Kommunikationsprozeß wird eine Information zielgerichtet mitgeteilt. Das Mitteilen ist eine Form des sozialen Handelns, das sich am Verhalten anderer orientiert und dadurch seine Zielgerichtetheit gewinnt. Im Regelfall ist mit der kommunikativen Handlung ein subjektiver Sinn verbunden, der strukturbildend auf die Mitteilung einwirkt und eine Auswahl der zu übermittelnden Zeichen und Inhalte erfordert. Sofern die Mitteilung als sinnhaft angesehen wird, ist sie verstehbar. Wenn der Sender die Nachricht mit einem bestimmten Sinn verbindet, ist als gegeben anzusehen, daß die Nachricht auch verstanden (dekodiert, dechiffriert) werden soll. Dazu ist es erforderlich, daß die Bedeutung der Mitteilung im kommunikativen Interaktionsprozeß strukturiert und erkannt wird. Die Bedeutung der mitgeteilten Inhalte konstruiert sich in einem gegenseitigen interpretativen Prozeß, der dem Wandel unterliegt. Die Art der Aufnahme einer Mitteilung wirkt mehr oder weniger entschieden auf das mitteilende Element im sozialen System zurück, so daß die Reaktion auf den Inhalt und die Form der Mitteilung durchaus eine gestaltende Kraft sein kann, z. B. dann, wenn der Rezipient den Inhalt einer Mitteilung überzeugend widerlegt oder wenn er sich in seinen Gefühlen verletzt sieht. Insofern ist Kommunikation aktiv an der Weiterkonstruktion der Wirklichkeit beteiligt. Der Informationsfluß, der vom Empfänger aus auf das mitteilende Element zurückstrahlt, ist im systemtheoretischen Sinne als Rückkopplung oder Rückmeldung anzusehen. Es ist bemerkenswert, daß in den letzten Jahren die telefonischen Rückmeldungen beim Fernsehen entschieden zugenommen haben. Das ist ein Vorgang, der anzeigt, daß die Massenkommunikationsmittel mehr und mehr aus ihrer einseitigen Sendefunktion heraustreten und bereit sind, die Bedingungen der Kommunikationstheorie zu erfüllen. Kommunikation kann Zustandsänderungen beim Adressaten bewirken. Sie kann ebenso einen bestehenden Zustand, etwa eine bestimmte politisch-kulturelle Einstellung, stabilisieren und bekräftigen. So kann die tägliche Lektüre einer bestimmten Zeitung als Folge einer gezielten Selektion unter den zahlreichen Meldungen eine bestimmte Einstellung stabilisieren.

Das konzentrierte Zuhören und Eingehen auf die gegenläufigen Argumente als Methode der Konfliktregulierung

Konfliktgespräche erstrecken sich oft über eine lange Zeit, da die verhandelte Problematik vielfach komplex ist, vor allem im Bereich intimer Dyaden und Kleingruppen. In jeder Konfliktsituation ist konzentriertes Zuhören eine notwendige Voraussetzung für die Lösung der anstehenden Probleme. Wer das Empfinden haben muß, daß ein Kontrahent oder Gesprächsteilnehmer ihm nicht zuhört und möglicherweise „an ihm vorbeiredet", wird im Fall einer niedrigen Frustrationstoleranz leicht aggressive Impulse entwickeln und dadurch (vielleicht ohne Wissen) zur Stimulierung der Konfliktlage beitragen. Wer vermeiden will, daß er zur Erzeugung aggressiver Impulse gegen sich selbst beiträgt, muß daher mehr oder weniger konzentriert, kontinuierlich und „aktiv" zuhören. Auf therapeutischer Ebene wurde die Methode des „aktiven Zuhörens" und des „partnerzentrierten Gesprächs" (vgl. Gordon; Schwäbisch/Siems u. a.) entwickelt. Diese Methoden fordern gezielt die Bereitschaft, auf die Gesprächspartner einzugehen, indem an das vom anderen geäußerte Argument im einfühlenden Rekurs noch einmal angeknüpft wird, so daß sich der Gesprächspartner angenommen fühlt und das Empfinden haben kann, daß man sich um seine Probleme kümmert. Das mit wiederholenden und klärenden Rückfragen verbundene Eingehen auf die Bedürfnisse des anderen schlägt zumindest tendenziell eine Brücke zum Kontrahenten und schafft eine Gesprächsatmosphäre auch dann, wenn die Standpunkte unterschiedlich bleiben. Die Anwendung dieser soziotherapeutisch beachtenswerten Strategie dürfte im Regelfall zur Stärkung der eigenen Position beitragen. Wenn die Gesprächssituation außerhalb des therapeutischen Rahmens anzusiedeln ist, kann das interessierte Nachfragen in Richtung auf die Probleme des anderen allerdings den Eindruck des Taktierens und Schmeichelns erwecken und das Gegenteil der erwünschten Reaktion hervorrufen. In nicht-therapeutischen Diskurssituationen ist das konzentrierte und weiterführende Argumentieren mit logischen Mitteln ein zweckgerechtes Instrument. Von Bedeutung ist dabei das unmittelbare und direkte Auffangen der konträren Argumente im Unterschied zum „Abschmettern" um jeden Preis. Wenn ich meinem Gegner zunächst einmal genau und intensiv zuhöre und unmittelbar an seinen Beitrag anknüpfe, schaffe ich Voraussetzungen zur Lösung des Problems. Wenn ich auf die gegenläufigen Argumente eingehe und mich im Sinne der Empathie in die Situation des anderen hineinzuversetzen suche, wird auf diesem Wege zumindest eine psychologische Brücke zum Kontrahenten geschlagen und an der Einebnung der Differenzen auf der Beziehungsebene gearbeitet. Die Herstellung einer verbindenden und verbindlichen sozialen Beziehungsebene ist eine wichtige Voraussetzung für einen funktionalen Fortgang des konfliktregulierenden Dialogs. Sie kann allerdings auf keinen Fall die inhaltliche Lösung des Problems notwendig nach sich ziehen. Es ist durchaus denkbar, daß Kontrahenten oder Kontrahentengruppen durch gute soziale Beziehungen verbunden sind und inhaltlich dennoch divergierend orientiert sind und empfinden.

Das konzentrierte Zuhören ist zugleich eine Voraussetzung für das sinnhafte Eingehen auf die Äußerungen des Kontrahenten. Je mehr es mir gelingt, den Kontrahenten zu „verstehen" und seine Argumente als Manifestationen seiner soziokulturellen Gesamtsituation anzusehen und je größer diejenigen Anteile seiner Bemerkungen sind, mit denen ich mich aktiv auseinandersetze, um so mehr wird er im Regelfall mein Engagement anerkennen und bereit sein, das Konfliktgespräch mit mir fortzuführen. Wenn ich einen Teilbereich der konträren Auffassung akzeptiere oder zumindest gedanklich intensiv verarbeite, gehe ich dialektisch im Platonischen Sinne vor, sofern ich den Dialog sozialproduktiv weiterführe und der zeitlichen Regelung genügend Spielraum gebe.

Konfliktgespräche in Intimgruppen können bis zu einer Zone geführt werden, in der die Frage akut wird: Ist es im Interesse der funktionalen Beziehung sinnvoll, dem Partner oder der Partnerin auch gegen eigenes Widerstreben inhaltlich weitergehend zu folgen, als man unter sonstigen Bedingungen zu folgen bereit gewesen wäre?

Oder muß man im Interesse der intellektuellen Redlichkeit den inhaltlich-sachlichen Widerspruch konsequent vortragen – auch auf die Gefahr hin, daß die Qualität und Intimität der sozialen Beziehung Schaden nimmt? Die Antwort auf die Frage wird nicht zuletzt von der Beschaffenheit der jeweiligen Situation bestimmt werden. Je öffentlicher ein sozialer Kreis ist, um so stärker werden in einer demokratischen Gesellschaft die Bereitschaft und das Bedürfnis sein, den inhaltlichen Widerspruch schon bald auf sich zu nehmen.
Die Methode des konzentrierten Zuhörens und aktiven Eingehens auf die konträren Argumente fügt sich in den von Watzlawick u. a. herausgearbeiteten Aspekt der Beziehung im Unterschied zum Inhalt ein. Sie ist Arbeit an der Beziehung in der Absicht, die anstehenden Probleme zu klären. Allerdings genügt dem Anspruch der Rationalität nicht die Qualität der sozialen Beziehung, wenn Inhalt und Grund der Beziehung z. B. auf die Vorbereitung eines Verbrechens abzielen. Neben dem Aspekt der Beziehung müssen auch die Inhalte der konträren Diskussion rational diskutabel sein. Aktives Zuhören fördert das gegenseitige Verstehen. Es ist damit eine wichtige Voraussetzung für rational orientiertes soziales Handeln. Es ist kein Zufall, daß sich in der Person Max Webers die Ideen der verstehenden Soziologie und der Rationalität vereinigen.

Ich-Aussagen und Du-Aussagen in konfliktregulierenden Gesprächen

In der Formulierung der Aussage liegt in vielen Fällen der Erfolg oder Mißerfolg einer angestrebten Konfliktregulierung begründet. In zahlreichen Gruppen und Organisationen neigen die mit einem höheren Grad an Macht ausgestatteten Teilnehmer, also z. B. die Eltern, die Lehrpersonen, die Ausbilder und Leiter, dazu, aggressive oder abwehrende Empfindungen in die Form von Du-Aussagen zu kleiden. Th. Gordon (z. B. 1977, 112 ff.) spricht von Du-Botschaften im Unterschied zu Ich-Botschaften, deren kommunikative Wirkung allgemein im Falle der Beherrschung der Techniken als erfolgversprechend eingeschätzt wird. L. Schwäbisch und M. Siems (1974, 52 ff.) ziehen die Formulierung „direkter Ausdruck von Gefühlen" (d. h. Ich-Botschaft, Ich-Aussage) und „indirekter Ausdruck von Gefühlen" (d. h. Du-Botschaft, Du-Aussage) vor.

Ein Beispiel für eine Du-Aussage:
Der Meister in der Werkstatt fährt den 16jährigen Lehrling an: „Du hättest die Heizung schon vor einer Stunde abstellen sollen, das weißt Du doch! Immer diese Stromverschwendung!"
Der Konflikt ist aus der unterschiedlichen Auffassung über die Höhe des Stromverbrauchs heraus entstanden. Im Meister sind aggressive Empfindungen gegenüber dem Lehrling entstanden, der täglich die Aufgabe hat, die Heizung in der Werkstatt zu einem bestimmten Zeitpunkt abzuschalten. Der Lehrling ist in der Betriebshierarchie der Schwächere. Daher muß er die als Aggression wirkende Du-Aussage des Meisters über sich ergehen lassen, so daß er wahrscheinlich nicht mit der Antithese zu antworten wagt: „Ich denke doch so gut wie jeden Tag rechtzeitig daran, die Heizung vorzeitig abzustellen. Schließlich könnten Sie auch einmal ein Auge auf den Heizungsschalter werfen oder endlich eine Schaltuhr einbauen!" Vermutlich ist der Lehrling durch die Du-Aussage seines Meisters deprimiert. Der Konflikt ist nicht gelöst worden.

Ein Beispiel für eine Ich-Botschaft:
Der oben genannte Meister sagt zu dem Lehrling: „Ich bin enttäuscht darüber, daß die Heizung jetzt immer noch angestellt ist." Der Tendenz nach macht er den unnötigen Stromverbrauch zu seinem Problem, weil er die Stromkosten bezahlen muß. Möglicherweise fühlt sich der Lehrling beschämt und wird auf diese Weise belastet. Jedenfalls nimmt die Ich-Aussage des Meisters nicht den Weg der direkten Beschuldigung oder Belastung des Lehrlings ein. Die Ich-Aussage schafft bessere Voraussetzungen für eine partnerschaftliche Konfliktlösung als die Du-Aussage.
Schwäbisch und Siems unterscheiden zwölf „Kommunikationsfallen" (1974, 138f.):

1. Ein Partner formuliert seine Störung als „Fehler" des anderen.
2. Ein Partner spricht seine Bedürfnisse nicht vollständig aus.
3. Ein Partner nimmt Kampfhaltung ein.
4. Ein Partner bezieht Verteidigungshaltung.
5. Ein Partner drückt Gefühle indirekt (Du-Aussage) aus.
6. Ein Partner praktiziert taktisches Verhalten.

7. Ein Partner versteckt sich hinter Sachzwängen.
8. Ein Partner gibt seine Machtposition nicht auf.
9. Ein Partner sieht im anderen den Schuldigen.
10. Die besonders verletzlichen Seiten („Achillesferse") des anderen werden angesprochen.
11. Die Vergangenheit wird zur Rechtfertigung des eigenen Standpunktes benutzt.
12. Ein Partner gibt widerwillig nach und formuliert nicht alle seine inneren Einwände gegen die Lösung.

Von den bei Gordon angeführten „Straßensperren auf dem Weg zur Kommunikation" (1977, 51 ff.) sind die folgenden besonders erwähnenswert:

1. Befehlen, kommandieren, anordnen: „Hör auf zu jammern!"
2. Warnen, drohen: „Reiß dich lieber zusammen, wenn . . ."
3. Moralisieren, predigen, mit „müßtest" und „solltest" argumentieren: „Deine persönlichen Probleme solltest du lieber zu Hause lassen!"
4. Rat erteilen, Lösungen oder Vorschläge anbieten: „Es ist gut für dich, wenn du dir einen besseren Zeitplan machst."
5. Belehren: „Erinnere dich lieber daran, daß . . ."
6. Verurteilen, beschuldigen: „Entweder bist du ganz einfach faul, oder du bist ein großer Bummelant."
7. Beschimpfen, Klischees verwenden, etikettieren: „Du benimmst dich wie ein Schulanfänger!"
8. Verhören, ins Kreuzverhör nehmen: „Wieviel Zeit hast du daran gewandt?"
9. Sarkastisch sein.

Allen Kommunikationsbarrieren ist ein Merkmal gemeinsam: Die sich äußernde Person zeigt sich im Kommunikationsprozeß nicht als zugänglicher Teilnehmer. Vielmehr übt sie sozialen Druck aus, zeigt sich in irgendeiner Form aggressiv oder abwehrend. Derartige Verhaltensweisen fördern nicht die Konfliktlösung, sondern schreiben sie fort oder schaukeln den bestehenden Konflikt auf. Insbesondere durch „Du-solltest-Aussagen" rufen wir Konflikte hervor, weil der Aussagende sehr wahrscheinlich von dem Grundgefühl getragen wird, daß er zu der Gruppe der Wissenden gehört, die aus der Fülle ihres Erfahrungsschatzes zum Erteilen von Ratschlägen besonders qualifiziert sind. Wer derartige Gefühle ausstrahlt, ruft im Regelfall beim Zuhörer keine Empfindungen der inneren Zustimmung hervor. Eine Umstrukturierung der Gesprächssituation wäre erforderlich. In diesem Fall ist Voraussetzung für eine Konfliktlösung die Herstellung einer demokratischen Sprechsituation, in der alle Beteiligten annähernd die gleichen Kommunikationschancen haben und bestehende unterschiedliche Machtpositionen nicht ausgespielt werden. Da Du-Mitteilungen den Kommunikationsprozeß in Richtung auf Konfliktbildung negativ beeinflussen, ist es zweckmäßig, Abhilfe zu schaffen:

1. Man verzichtet auf die Mitteilung überhaupt.
2. Man gibt der Mitteilung einen affektiv-neutralen Charakter: „In solchen Fällen könnte es zweckmäßig sein, den Fernseher etwas leiser einzustellen und die Tür anzulehnen."
3. Man legt seine mehr oder weniger sachkundige Meinung dar: „Soweit ich die Lage beurteilen kann, ist es sinnvoll, . . ."
4. Man wählt eine Ich-Aussage: „Ich fühle mich insofern betroffen, als . . ."

Ob es sinnvoll ist, eigene Gefühle kundzutun, hängt u. a. von der sozialen Situation ab. In kleinen Gruppen, wie Familie, Freundesgruppe, informelle Gruppe, Psyche-Gruppe usw., kann die Mitteilung eigener Gefühle durchaus sinnvoll sein. In großen Gruppen und Organisationen, die allgemein durch soziale Distanz und Rationalität gekennzeichnet sind, kann die Mitteilung eigener Gefühle das Gegenteil der erwünschten Wirkung erzielen.

Eingrenzende Bemerkung: Die methodische Bevorzugung von Ich-Aussagen im Unterschied zu Du-Aussagen bewegt sich mehr im Rahmen der praktischen Handlungsanweisungen und der Zweckmäßigkeitserwägungen des Alltagshandelns als im Bezugsfeld übergreifender Theorien. Die Definition der Du-Botschaft als indirekter Ausdruck von Gefühlen weist in psychoanalytische und systemtheoretische (vgl. Pareto) Bezugsfelder. Die gezielte Verwendung von Ich- und Du-Aussagen läßt sich definieren als besondere Form der Rationalisierung des Angriffs und der Abwehr. Die gezielte Verwendung von Ich-Botschaften ist ein psychologischer Kunstgriff, der der Gefahr der Umkehrung ausgesetzt ist: Wenn ich in meinen Aussagen im antagonistischen Dialog gehäuft den Begriff „Ich" verwende, kann ich in Gefahr geraten, als egozentrisch bezeichnet zu werden oder verdächtigt werden, mich aus Gründen der Zweckmäßigkeit auf bloßes Taktieren zurückzuziehen. Damit wäre dann die angestrebte Rationalität des Handelns ins Gegenteil verkehrt. Diese Methode der gezielten Wortwahl vernachlässigt das Interaktionsfeld der Kontrahenten und hat daher nur einen begrenzten Anwendungsbereich.

KONFLIKTREGULIERENDE GESPRÄCHE IN VERBINDUNG MIT MISSVERSTÄNDNISSEN

In vielen Fällen stehen kontroverse Diskussionen im Zusammenhang mit Mißverständnissen verschiedener Art. Sie können Ursache und Ausgangspunkt von Mißverständnissen sein. In einer affektiv besetzten Gesprächssituation ist die Bereitschaft und möglicherweise auch die Fähigkeit zum genauen Zuhören herabgesetzt. Umgekehrt kann das Streitgespräch die Folge von Mißverständnissen sein: Man versteht nicht dasjenige, was vom Mitteilenden gemeint ist. Aus dieser mißlichen Situation, in welcher der gemeinte Sinn des Mitteilenden verfehlt wird, ergibt sich der Streit. Es besteht auch die Möglichkeit, daß A seinen Kontrahenten B nicht verstehen will, dann z. B., wenn er sich gegen die erdrückende Übermacht der gegnerischen Argumente nicht mehr mit Erfolg zu wehren vermag. Ferner ist es auch möglich, daß A seinen Gegner B nicht verstehen kann, weil er die logischen oder die rein sprachlichen Kommunikationszusammenhänge nicht zu durchschauen vermag. Das sich ergebende Gefühl der Unterlegenheit kann Aggressionen zur Folge haben, durch die im weiteren Gesprächsverlauf die Fähigkeit zum Verstehen des anderen beeinträchtigt wird, so daß Mißverständnisse eintreten können. Diese können sich aber auch aus ganz gewöhnlichen Nachlässigkeiten des Alltags ergeben, z. B. durch ungenaues Hinsehen auf einen Gegenstand. Wenn die Gesprächsteilnehmer keine feindseligen Impulse gegeneinander hegen, ist die Möglichkeit zur Entstehung von Konfliktgesprächen geringer als umgekehrt.

Das Konfliktgespräch in Verbindung mit mangelnder Kommunikation

Die folgende spannungsgeladene Unterhaltung zwischen zwei Intimpartnern zeigt einen Mangel an Kommunikation an, so daß der eine nicht hinreichend über die Gefühle und Gedanken des anderen orientiert ist.

Hanna: Ich finde, mitunter weiß man beim besten Willen nicht, woran man ist, wenn man dich so ansieht, wie du vor dich hinbrütest und keinen Ton von dir gibst.
Tede: Ich kann doch nicht immerzu reden, womöglich wie ein Wasserfall, damit andere sich an den sprudelnden Tröpfchen erfrischen. Ich bin nun mal nicht immer zum Reden aufgelegt. Das Formulieren strengt auch an, und ich brauche Ruhe und Entspannung bei der starken täglichen Belastung.
Hanna: Nun ja, sicher. Aber gerade dann, wenn es an der Zeit wäre, mal über einige anstehende Probleme zu sprechen, schweigen wir uns gegenseitig an. Ich finde, es ist nötig, daß man über alles spricht und sich gegenseitig seine Empfindungen mitteilt. Dann weiß man, woran man ist. Wenn so gut wie kein Wort fällt, weiß man immer nicht, ob zwischen uns alles in Ordnung ist oder ob sich wieder mal etwas zwischen uns zusammenbraut.
Tede: Ich versteh' schon, du redest eben mehr und lieber als ich. Das haben wir beide schon lange festgestellt. Aber du kannst doch nicht so ohne weiteres aus einem Saulus einen Paulus machen. Ich brauche Zeit, um mich an deine Vorstellungen zu gewöhnen. Ich seh' ja ein, daß man Probleme besprechen muß, aber verlange bitte nicht immer von mir, daß ich zuerst auspacke, wenn etwas fällig ist. Da du ja lieber redest als ich, kommt es doch zuerst dir zu, ein Gespräch anzufangen, wenn dir danach ist.

Zur Interpretation: Interaktionsprobleme können, wie das Dialogbeispiel zeigt, auf einen als solchen empfundenen Mangel an Kommunikation zurückgehen. Das trifft für Paare ebenso zu wie für Kleingruppen oder große Organisationen. So kann z. B. eine politische Partei in der Presse angegriffen werden, weil sie ihre Meinung zu einem aktuellen Problem nicht mitteilt. Für den vorliegenden Dialog ergibt sich die

Konsequenz, daß Tede seine Bereitschaft zum Reden steigern muß, wenn er sich ernsthaft besser auf seine Partnerin einstellen will. Umgekehrt muß Hanna sich zumindest vorübergehend damit abfinden, daß Tede nicht immer die von ihr gewünschten Initiativen ergreift.

Die Verminderung kognitiver Dissonanzen als Ziel des konfliktregulierenden Dialogs

Von kognitiver Dissonanz (Festinger 1971, 27ff.) wird gesprochen, wenn ein Widerspruch zwischen dem Wissen und Tun eines Menschen vorhanden ist. Festinger formuliert: „Immer dann, wenn ein Mensch über Informationen und Meinungen verfügt, die – für sich allein betrachtet – ihn nicht dazu veranlassen würden, eine bestimmte Handlung zu vollziehen, besteht eine Dissonanz zwischen diesen Meinungen oder Informationen und der tatsächlich ausgeführten Handlung. Wenn eine solche Dissonanz besteht, wird der Mensch versuchen, sie herabzumindern, indem er entweder sein Handeln oder seine Überzeugungen und Grundsätze ändert. Wenn er seine Handlungen nicht ändern kann, wird ein Meinungswandel eintreten" (a. a. O., 29). Wenn jemand z. B. langfristig durch das Empfinden bestimmt wird, „Ich kaufe grundsätzlich nur gebrauchte Autos, weil das entschieden preiswerter ist als der Erwerb von Neuwagen", wird er sein Verhalten verstärkt rechtfertigen, sobald eine neue Lebensgefährtin ihn dazu motivieren konnte, einen neuen Wagen zu kaufen. Die Verhaltensrechtfertigung entspricht einer Dissonanzminderung. Der durch die Umorientierung auf Neuwagen entstandene intrapsychische Konflikt (Intra-Rollenkonflikt) wird durch Rechtfertigungs- und Selbstverteidigungsreden gemindert oder beseitigt.
Die vollzogene Meinungsänderung könnte eine Gefährdung der personalen Identität bewirken. Um dieser Gefahr entgegenzusteuern, wird die Einstellungsänderung in jeder Vollzugsphase betont und verstärkt gerechtfertigt, so daß man selbst das eigene Handeln in jedem Moment der Umstellung im nachhinein als richtig ansieht. Personen, die eine starke Ambiguitätstoleranz in dem Sinne haben, daß sie flexibel genug sind, um unterschiedliche Erwartungssituationen durchzustehen, werden mit einem geringen Grad an Rechtfertigungen des eigenen Handelns auskommen und umgekehrt.

Es gibt einen besonderen Typus dissonanzreduzierender Dialoge, der nach dem Modell abläuft: Jemand ist in einen intrapersonalen und gleichzeitig interpersonalen Konflikt hineingeraten. Zur Stabilisierung der Person findet sich ein Dialogpartner, der sich den Kummer anhört, zurückfragt, urteilt, tröstet, Mut macht usw. Durch die Rückmeldungen können sich durchaus Meinungsverschiedenheiten ergeben, die aber durch den pädagogischen Gesamtcharakter der Gesprächssituation aufgefangen und reguliert werden. Für beide bringt der Dialog einen positiv-funktionalen Ertrag: Für die dissonanzbeladene Person entsteht eine Erleichterung und Läuterung im Sinne einer Katharsis, weil die Probleme ausgesprochen werden können, so daß eine Abreaktion der intrapsychischen Dissonanzen erfolgen kann. Zudem werden Lösungsmöglichkeiten für das Problem vorkanalisiert. Und für den anhörenden und auffangenden Dialogpartner baut sich etwa das folgende Syndrom von Empfindungen auf: Hier werde ich gebraucht. Man vertraut mir Sorgen an. Mein Rat wird gesucht. Ich bin nicht so schwach, als daß man mich nicht beladen könnte. In dieser Auffangsituation brauche ich mir kritische Einwände nicht zu versagen, ich kann also meine eigenen Wertpositionen einbringen. Der Dialog verbindet und verstärkt die bestehende Kommunikation.
Kathartische Dialoge der beschriebenen Art spielen sich etwa in folgenden sozialen Dyaden und Kreisen ab: zwischen der Mutter und der in eine Ehekrise hineingeratenen Tochter, zwischen den Eltern und den heranwachsenden Kindern, die familiale Ablösungsprobleme haben, zwischen Frauen und Männern, die in die Situation eines Alleinerziehenden hineingeraten sind und nun ihre Sorgen und Probleme mit Gleichgestellten austauschen wollen. Dissonanzmindernde Dialoge spielen sich mehr im expressiv als im instrumental geprägten Raum ab. Sie haben die Tendenz, die betroffenen Personen vor Verdrängungen, Aggressionen, Regressionen, Rationalisierungen und anderen Abwehrmaßnahmen zu schützen. Familien und informelle Gruppen übernehmen in dieser Hinsicht eine äußerst wichtige Aufgabe in einer durch Leistung und Konkurrenz geprägten Gesellschaft.

Die gezielte Gewichtung der Inhalts- oder Beziehungsebene in antagonistischen Dialogen

Mitteilungen in der Konfliktaustragung können verschiedene Formen haben, wie z. B. das Heben der offenen Hand, Pfeifen, Nicken, Kopfschütteln, Zurückweisung des anderen durch abstoßende Handbewegungen. Überwiegend bestehen sie aus verbalen Äußerungen. Watzlawick und Mitarbeiter unterscheiden entsprechend dem Unterschied zwischen Digitalrechnern und Analogrechnern in der menschlichen Kommunikation zwei grundsätzlich verschiedene Weisen, in denen Objekte dargestellt und zum Gegenstand von Kommunikation werden können. „Sie lassen sich entweder durch eine Analogie (z. B. eine Zeichnung) ausdrücken oder durch einen Namen (Watzlawick/Beavin/Jackson 1974, 62ff.). Die analoge Kommunikation mit ihren Bildern, Zeichen, Andeutungen, Gesten usw. ist entwicklungsgeschichtlich viel älter als die mehr rationale und abstrakte digitale Kommunikation.

Die meisten menschlichen Errungenschaften sind ohne die Entwicklung digitaler Kommunikation nicht denkbar. Die Rationalität im weitesten Sinne des Begriffs ist eng mit der Menschheitsgeschichte verknüpft. Und dennoch gibt es nach Watzlawick/Beavin/Jackson ein weites Gebiet, auf dem wir uns fast ausschließlich der analogen Kommunikationsform bedienen. Gemeint ist das Gebiet der Beziehung. Vokalisierungen, Ausdrucksbewegungen und Stimmungssignale machen die analoge Kommunikation aus. Wenn ein Hund seiner Herrin deren Befehle von den Augen abliest und dieser Vorgang vielleicht noch durch bestimmte Laute ergänzt wird, liegt ein Beispiel analoger Kommunikation vor. Die Beziehung zwischen Mensch und Tier funktioniert. Watzlawick/Beavin/Jackson schreiben in diesem Zusammenhang: „Überall, wo Beziehung zum zentralen Thema der Kommunikation wird, erweist sich die digitale Kommunikation als fast bedeutungslos. Das ist nicht nur zwischen Mensch und Tier der Fall, sondern in zahllosen Situationen des menschlichen Lebens, z. B. in den Liebesbeziehungen, in den Bereichen der Empathie, Feindschaft, Sorge und vor allem im Umgang mit sehr kleinen Kindern oder schwer gestörten Patienten (1974, 64). Jede Kommunikation hat einen Inhalts- und einen Beziehungsaspekt. Die digitalen und die analogen Kommunikationsweisen bestehen nebeneinander und ineinander, da sie sich in jeder Mitteilung gegenseitig ergänzen. Es ist zu vermuten, daß der Inhaltsaspekt vorwiegend digital übermittelt wird und der Beziehungsaspekt vorwiegend analoger Natur ist. Zusammenfassend schreiben Watzlawick und Mitarbeiter: „Menschliche Komunikation bedient sich digitaler und analoger Modalitäten. Digitale Kommunikationen haben eine komplexe und vielseitige logische Syntax, aber eine auf dem Gebiet der Beziehungen unzulängliche Semantik. Analoge Kommunikationen dagegen besitzen dieses semantische Potential, ermangeln aber die für eindeutige Kommunikation erforderliche logische Syntax" (1974, 68).

Die folgende Konfliktsituation bezieht sich auf den Bericht von Watzlawick und Mitarbeitern (1974, 79ff.). Der Ehemann erhielt den Anruf eines guten Freundes, der ihm mitteilte, daß der Freund demnächst geschäftlich in jener Gegend zu tun habe. Der Ehemann bot ihm sofort das Gästezimmer in seinem Haus an, wie er und seine Frau es schon früher bei ähnlichen Gelegenheiten getan hatten. Als seine Frau jedoch bei ihrer Rückkehr von dieser Einladung erfuhr, kam es zu einem heftigen Ehestreit. Es zeigte sich, daß sich die beiden über die Selbstverständlichkeit der Einladung des Freundes völlig einig waren und daß daher auch die Frau nicht anders gehandelt hätte, wenn sie den Anruf entgegengenommen hätte. Die beiden sind überrascht, feststellen zu müssen, daß sie sowohl dieselbe Meinung als auch eine grundlegende Meinungsverschiedenheit über ein und denselben Sachverhalt haben. Dieser Sachverhalt ist aber in sich differenziert. Der eine Teil dieses Sachverhalts betrifft die Einladung als solche. Darüber, ob der Freund eingeladen werden soll, können sich die Ehepartner relativ leicht einigen. Die Schwierigkeiten ergeben sich im Bereich des Beziehungsaspektes: Hat einer von beiden das Recht, die Einladung spontan ohne Befragung des anderen auszusprechen? Der Streit entsteht dadurch, daß der abwesende Ehepartner nicht gefragt worden ist. Dieses Beispiel eines Beziehungskonflikts deutet auf einen Mangel an Kommunikation und Regelung des Gewohnheitshandelns unter den Ehepartnern hin. Der eine fühlt sich durch den anderen beherrscht. Außerdem muß in diesem Fall berücksichtigt werden, daß die Frau durch die mit dem Besuch verbundene Mehrarbeit stärker belastet wird als der Mann, sofern die tradierten Formen der ehelichen Arbeitsteilung Gültigkeit haben.

Der beschriebene Streitfall deutet ferner an, daß eheliche Beziehungen sehr leicht belastet werden können, wenn einer der Partner ohne das Einverständnis des anderen handelt und das Herrschaftsgefüge zu seinen Gunsten zu verschieben sich anschickt. Hypothetisch ließe sich die Frage beantworten: Was hätte der Ehemann tun müssen, um von vornherein die Möglichkeit eines Ehestreits zu verhindern?
Ein Variablenschema für das Möglichkeitshandeln bietet sich modellhaft an:

1. Der Ehemann sagt zu seinem Freund am Telefon: „Ich lade dich ein, in unserem Gästezimmer zu wohnen. Ich muß mich aber noch mit meiner Frau abstimmen." Anschließend ruft er seine Frau an und bittet sie um Zustimmung zu der Einladung.
2. Der Ehemann sagt zu seinem Freund am Telefon: „Ich rufe nachher meine Frau an und frage, wie sie darüber denkt, daß du in unserem Gästezimmer übernachtest. Ich gebe dir dann Bescheid."
3. Der Ehemann sagt am Telefon zu seinem Freund: „Es ist schön, daß du in dieser Gegend zu tun hast. Ich denke, wir sollten uns bei dieser Gelegenheit zusammensetzen. Ich rufe dich später an." Anschließend bespricht er die Angelegenheit telefonisch mit seiner Frau und prüft, ob sie einer Einladung gewogen und gewachsen ist. Falls sie zustimmt, gibt er dem Freund einen entsprechenden Bescheid. Falls sie der zusätzlichen Belastung durch den Besuch nicht gewachsen sein sollte, teilt er dem Freund mit, daß man sich in einem bestimmten Restaurant zusammensetzen könne. Auf diese Weise werden der Ehefrau größere Möglichkeiten der Entscheidung eingeräumt als in dem ersten und zweiten Lösungsvorschlag.

8. Kapitel

Systemtheoretische und strukturfunktionale Komponenten des konfliktregulierenden Dialogs

Die Systemtheorie geht davon aus, daß soziale Gruppen unterschiedlicher Größe und Organisationen als Systeme beschrieben und analysiert werden, d. h. als soziale Gebilde, deren Elemente sich in einem Verhältnis der Rückkopplung befinden und die bestimmten Regelmäßigkeiten des Handelns und Reagierens unterworfen sind, so daß bestimmte Formen sozialer Dynamik ausgemacht werden können. Bereits bei Pareto wird das soziale System unter dem Gesichtspunkt des Gleichgewichts gesehen. Soziale Systeme sind ferner komplex (siehe V. Pareto, M. Weber, N. Luhmann). Daher ist die wissenschaftliche Analyse auf Selektion im Sinne der Reduktion von Komplexität (N. Luhmann) angewiesen. T. Parsons legt in seinem umfassenden Buch „The Social System" (1964) einen vielgestaltigen Entwurf des sozialen Systems vor. Der Handlungsbezugsrahmen und die allgemeine Theorie des sozialen Systems beziehen sich auf die Kultur, die Persönlichkeit und den Ort des sozialen Systems. Zur Struktur des sozialen Systems gehören nach Parsons z. B. die institutionelle Integration der Handlungselemente, die Organisation der Komponenten in Sub-Systeme, das Erlernen von sozialen Rollenerwartungen, die Mechanismen der sozialen Kontrolle, die Glaubenssysteme und die Rolle der Ideen, die Sozialstruktur, die dynamischen Prozesse, die Prozesse des Wandels sozialer Systeme. Für N. Luhmann (1985) sind soziale Systeme selbstreferentiell, d. h., die Systeme nehmen in der Konstitution ihrer Elemente Bezug auf sich selbst. Der Zwang zur Autonomie ergibt sich daraus, daß das System seine momenthaften Elemente mit Anschlußfähigkeit, also mit Sinn, ausstatten muß. Dadurch reproduziert das System die Elemente. Die sozialen Systeme haben für Luhmann einen nicht-psychischen Charakter. Sie sind überindividuell. Am Anfang der funktionalen Systemanalyse steht die Differenz von

System und Umwelt. Mit der Zunahme der Differenzierung nimmt auch die Systemkomplexität zu. Daher ist Qualität nur möglich durch Selektion. Soziale Systeme haben ihre Existenz als Kommunikationssysteme. Sie erzeugen Widersprüche durch Kommunikation von Ablehnung. Widersprüche sind wie bei Hegel den sozialen Systemen immanent. Sie dienen der Reproduktion der Systeme. Sie dienen als Alarmsignale und als ein Immunsystem im System.
Strukturfunktionalismus oder strukturell-funktionale Theorie ist ein anderer Name für Systemtheorie. Die sozialen Erscheinungen einschließlich der Empfindungen und Einstellungen werden aus der Struktur des sozialen Systems heraus erklärt. Die Sub-Systeme, z. B. die Erziehungseinrichtungen, stehen im Dienst der konstruktiven Reproduktion des Staates und erfüllen damit eine grundlegende Funktion.

Unter- und Überordnung im Streitgespräch

Die Teilnehmer an verbalen Auseinandersetzungen sind im Verhältnis zueinander mehr oder weniger mächtig oder machtlos. Wer an der Macht deutlich teilhat, wird darum bemüht sein, seine Machtposition zu erhalten oder weiter auszubauen. Er kann sich im Konflikt ruhig und gelassen geben. Widersacher, die keine nennenswerte Macht hinter sich haben, neigen dazu, sich mit ihrer Position zufriedenzugeben oder einen Machtzuwachs anzustreben. Dazu sind vielfach aggressive Verhaltensweisen erforderlich. Wenn z. B. eine Partei jahrelang die Rolle der Opposition eingenommen hat und auf die Regierungsbank hinüberwechseln will, kann sie nach den gegenwärtig geltenden Bedingungen auf Angriffe gegen die bestehende Regierung nicht verzichten. Im demokratischen Herrschaftsgefüge neigt die jeweilige Opposition in großen und kleinen Gruppen dazu, die Politik der Regierung anzugreifen und in Streitgesprächen deren Mängel herauszustellen. Die Regierung dagegen neigt dazu, die Richtigkeit ihrer Politik zu demonstrieren. Streitgespräche, die aus dem hier bezeichneten Gefüge der politisch-kulturellen Ordnung heraus entstehen, können nicht in erster Linie der persönlichen Streitsucht der Politiker angelastet werden, wenn es hier auch deutlich erkennbare Unterschiede des Temperaments gibt. Die Art des

Auftretens im Streitgespräch hängt von einer Reihe von Bedingungen ab. Angehörige der mittleren und oberen Sozialschichten sind im Regelfall durch die Erziehung in Familie und Schule so geprägt worden, daß sie durch ihre eingeübten Fähigkeiten im verbalen Formulieren ihren Willen eher durchsetzen können als die in diesem Bereich weniger Geübten. Die Durchsetzung des eigenen Standpunkts im Disput hängt auch von der Schlagfertigkeit und geschickten Auswahl der Gegenargumente ab, von der Konzentration auf den Gesprächsgegenstand, von der systematischen Schulung im Reden, von der Art des Auftretens insgesamt, von der Verständlichkeit und Überzeugungskraft der Sprache, von der Zugehörigkeit zu bestimmten Gruppen, auch im Sinne der beruflichen Professionalisierung und der überlieferten Prestigeordnung. Zu Macht und Einfluß kann auch derjenige gelangen, der durchschlagende Argumente zu häufen versteht und dadurch andere beeindrucken kann. Wenn es schwer wird, die eigene Position durchzusetzen, wird mancher versuchen, sie auf andere Weise durchzubringen, z. B. durch das Hochspielen eines kleinen Versehens auf der gegnerischen Seite. Grundsätzlich gilt immer, daß nicht nur verbale Fähigkeiten über das Einnehmen von Machtpositionen entscheiden. Von gravierender Bedeutung ist stets die Bewertung der betreffenden Persönlichkeit anhand der tradierten Bewertungsskalen (Einkommen, Besitzstand, Beruf, Schulbildung, Auftreten im privaten und öffentlichen Bereich, sittlicher Verhaltens-Standard usw.). Die perfekte Beherrschung der Regeln der Argumentation allein führt noch nicht zu einer übergeordneten Position.

Eine weitere Methode zur Durchsetzung des eigenen Standpunkts besteht darin, daß man Initiativen ergreift, die dann den weiteren Gang der Diskussion entscheidend mitbestimmen. Auf diese Weise kann man eine Führungsrolle im Gespräch übernehmen und wesentlich darüber mitverfügen, was gemacht werden soll. Unter den Voraussetzungen, die zur Übernahme einer Führungsrolle in der kleinen Gruppe (Schneider 1985, 152 ff.) erforderlich sind, haben in diesem Zusammenhang eine besondere Bedeutung: die Macht durch Sachkenntnis im Sinne der Expertenrolle, die verbal kenntlich gemacht werden kann, die Macht durch geschickte Aufnahme und Weiterverarbeitung von Informationen im Gespräch, die Macht durch geschicktes Auffangen von Angriffen, die Macht durch qualifizierte

Abwehrbewegungen, die Macht durch überzeugende Steuerungsmaßnahmen im Dialog, die Macht durch ausgewogene Beurteilungen von Situationen ohne Verletzung der Gefühle der Kontrahenten usw. Zur Übernahme einer Führungsrolle im dissonanten Gespräch gehört die Voraussetzung, daß die Normen der Gruppe im Sinne eines gemeinsamen Hauptnenners nicht verletzt, sondern vorbildhaft erfüllt werden. Wenn sich z. B. Mitglieder einer bestimmten Familie heftig streiten, so riskiert derjenige den Verlust einer Führungsrolle, welcher das Gefüge der Gruppe, die diese Familie bildet, beschädigt. In einer politischen Diskussionsgruppe kann eine Führungsrolle nicht übernehmen, wer den Grundkonsens der Gruppe hinsichtlich der Einhaltung der demokratischen Spielregeln verletzt.
Die Berufung auf anerkannte höhere Instanzen, Ergebnisse wissenschaftlicher Forschung, einschlägige Erfahrungen persönlicher Art sowie Aussagen einflußreicher Personen und Gruppen wird in vielen Fällen die Machtstellung des Argumentierenden stärken. Hinzu kommt als weiteres Mittel die geschickte Ausnutzung bestimmter Schwächen des Gegners, ohne diesen zu erniedrigen. Das sichere und überzeugende Auftreten in Verbindung mit einem ausgewogenen Gesichtsausdruck ist ein geeignetes Mittel zur Erhaltung und Durchsetzung des eigenen Standpunkts. Wer unsicher auftritt, leise spricht und nur von einem Teil der Zuhörer verstanden wird, vermindert den Stellenwert seiner Person im Streitgespräch. Wer nicht in der Lage ist, seine Sprache an eine veränderte Umgebung anzupassen, hat schon vom Ansatz her verminderte Durchsetzungschancen. Zur Durchsetzung der eigenen Auffassung gehört, daß der Redende seine Glaubwürdigkeit nicht aufs Spiel setzt. Wer eine Machtstellung erwerben oder erhalten will, darf nicht etwas versprechen, was er nachher nicht halten kann. Die Begleitung der Worte durch Körpersprache, z. B. Armbewegungen kann förderlich oder auch hemmend wirken. Die Selbstkontrolle der nicht-verbalen Kommunikation ist ein ständiges funktionales Erfordernis.
Die Durchsetzung des eigenen Willens im konträren Gespräch ist gebunden an die Fähigkeit, die Bedürfnisse der Zuhörer zu erforschen und anzusprechen. Wer sich durchsetzen will, muß im Bereich der gegebenen Möglichkeiten unter seinen Zuhörern eher positive als negative Gefühlszustände hervorrufen. Zur Durchsetzung gehört auch, daß man in Situationen des persönlichen Notstandes unter

Umständen schneller als geplant das Wort weitergibt, um den ausgestrahlten negativen Eindruck nicht noch zu vergrößern. Im politischen Bereich ist die Durchsetzung der eigenen Machtposition unter anderem gebunden an die Darlegung einer klaren Orientierungslinie und eines relativ festen Standpunkts, der von der Mehrheit der betroffenen Personen verstanden wird. In einer Bevölkerung, die es gewohnt ist, sich an etwas Festes und Bleibendes (R. Descartes) zu halten, in der das Feste und Beständige höher bewertet wird als das Bewegliche, Wandelbare, Werdende, ist eine Veränderung des politischen Standpunktes mit der Gefahr eines Machtschwundes gekoppelt. Im privaten Bereich hat die beständige Ausübung von Macht ihre Grenzen dort, wo sie negative Gefühle, Unterlegenheitsempfindungen und Ressentiments erzeugt. In solchen Fällen muß die Machtausübung sich auf die erfolgreiche Abwehr gegenüber dem Gegendruck einrichten. Machtausübung ist auch im Gewohnheitshandeln enthalten. Konfliktdialoge entstehen häufig dann, wenn Gewohnheitshandeln nicht mehr als selbstverständlich angesehen wird. Damit wird deutlich, daß Konfliktgespräche im Zusammenhang stehen mit Wandlungsvorgängen im übergreifenden sozial-kulturellen Sektor. Der kulturelle Wandel erzeugt Spannungen, die sich z. B. als Aggressionen und Konflikte äußern. Somit müssen Streitgespräche zu einem deutlichen Anteil nicht allein dem persönlichen Temperament, sondern mehr noch gesamtgesellschaftlichen Wandlungsvorgängen und Bedingungen ursächlich zugeschrieben werden.

Konfliktregulierung in Verbindung mit Veränderungen des sozialen Gleichgewichts

Häufig stehen Konflikte in Verbindung mit Verschiebungen im Bereich bestehender und eingespielter Gleichgewichtsverhältnisse. Ein soziales System befindet sich im Gleichgewicht, wenn seine Bestandteile so miteinander verträglich sind, daß bei Vermeidung einer äußerlichen Störung kein Element seine Position und sein Verhältnis zu den übrigen Elementen grundlegend ändert oder ändern muß. Soziales Gleichgewicht ist verklammert mit Anpassung und Integration. Der Verlust des sozialen Gleichgewichts kann in die Richtung von Desintegration und Labilität führen, aber auch zu neuen Leitli-

nien und verbesserten Strukturmerkmalen der sozialen Gruppe. Kontroverse Diskussionen sind Mittel zur Erhaltung wie auch zur Veränderung des bestehenden Gleichgewichts eines sozialen Systems. Im ersten Fall fungiert die Diskussion als Blitzableiter für vorhandene Spannungen und Aggressionen, ohne daß am Ende des Disputs eine strukturelle Verschiebung stattgefunden hat. Vielmehr läuft die Entwicklung mehr oder weniger deutlich in die Richtung der Anfangssituation zurück. Die Übereinstimmung der Erwartungen erfährt nur vorübergehend eine Umwandlung, grundsätzlich ist sie aber als gegeben anzusehen. Dieser Anwendungsfall der Gleichgewichtstheorie dürfte für zahlreiche Dispute zutreffen, insbesondere dann, wenn die Gruppenmitglieder in einer Konfliktsituation daran interessiert sind, die als positiv empfundene Ausgangssituation wiederherzustellen, wie das z. B. in einer ehelichen Bindung meistens der Fall ist. Andernfalls werden die Bemühungen auf eine verbessernde Veränderung der Gruppensituation zielen. Die Bedeutung von Gleichgewichtsverschiebungen für die Konfliktregulierung soll an einem Beispiel demonstriert werden.
Zur Vorgeschichte: Bisher war es immer so üblich, daß Renate zum benachbarten Kaufmann gehen mußte, um für Harry, den älteren Bruder, Bier oder Zigaretten zu holen, wenn er diese Dinge gerade nicht zur Verfügung hatte und ihn danach gelüstete. Immerhin ist er fünf Jahre älter als sie, und seine Stimme ist mächtig und bestimmt, so daß man ihr kaum den Gehorsam verweigern kann, wenn man die jüngere Schwester ist. Harry hat sich ganz darauf eingestellt, daß Renate geht, wenn er die Geldtasche zückt und das gewohnte Kommando ertönen läßt. Und Renate hat bisher nicht daran gedacht, in den Streik zu treten oder gar aus der Einholrolle für den älteren Bruder auszusteigen. Das Gewohnheitshandeln ist zum Einverständnishandeln geworden. Die beiden haben sich hinsichtlich der genannten Besorgungen aufeinander eingespielt, zumal Renate gelegentlich ein Trinkgeld für die Besorgung bekommt. Mit Beginn des Schuljahres findet Renate eine neue Schulfreundin, von der sie sich überzeugen läßt, daß es auf die Dauer nicht schicklich ist, Botendienste für den älteren und bereits im Beruf stehenden Bruder zu machen. Harry solle doch selbst die Besorgungen erledigen, so meint die Freundin. Aus dieser Situation heraus ist das folgende Streitgespräch verständlich.

Harry: He, Reni, geh' doch mal zu Lüdemann und hol' mir vier Flaschen Bier wie gehabt und eine Packung Zigaretten. Ich geb' dir diesen Zwanzigmarkschein mit. Du kannst für dich eine Mark behalten, bist auch ein braves Schwesterchen.
Renate: Du, daß du mir eine Mark geben willst, ist ja nett von dir. Aber zu Lüdemann lauf' ich nicht mehr für dich. Wenn ich das tue, bin ich ja dein Bote. Geh' doch selbst. Das Laufen tut dir gut, du kriegst ja schon einen kleinen süßen Bauch. Sowas mögen wir Mädchen nicht immer so gern leiden.
Harry: Um meinen Bauch kümmer' dich man nicht! Ein bißchen Speck muß der Mensch haben, wenn er's mit den anderen aushalten soll. Los, nun geh' schon eben rüber und hol die Sachen. Das hast du doch immer gemacht. Das hast du auch gut gemacht. Geh' schon!
Renate: Nein, ich möchte nicht gehen. Versteh' mich doch bitte! Ich möchte kein Bote für dich sein. Ich will mich jetzt mit meiner Freundin treffen.

Zur Analyse des Dialogs: Das Gleichgewicht zwischen Renate und Harry blieb so lange gewahrt, wie sie bereit war, entsprechend der Gewohnheit Harrys Wunsch zu erfüllen. Was der ältere, stärkere Bruder sagt, das hat bis zum Zeitpunkt des Dialogs Gültigkeit gehabt. Verhältnisse der Unter- und Überordnung spielen sich im Laufe der Zeit ein und werden zu festen Verhaltensmustern. Derartige Verhaltensmuster werden vielfach schon deswegen bejaht oder doch als solche geduldet, weil man Vorteile durch sie erhält oder der Ausbruch aus dem Gewohnheitshandeln als unbequem empfunden werden könnte. Sobald ein beteiligter Interaktionspartner aus dem eingespielten System des Handelns ausbricht, z. B. durch Aufklärung oder Einflußnahme seitens anderer, wird das Handlungssystem gestört, oder es bricht sogar auseinander. Die Durchbrechung des gewohnten Kommunikationsablaufs kann Unwillen hervorrufen und sich in einem Konfliktgespräch äußern. Wenn Harry die Veränderung der Lage hinnimmt, besteht kein Anlaß zu weiteren Streitereien oder Sticheleien. Im umgekehrten Fall liegt die Möglichkeit nahe, daß Renates Verweigerung des Gehorsams gegenüber dem Bruder eine Reihe weiterer Auseinandersetzungen, unter Umständen auch versteckter Art, nach sich zieht. Denkbar ist auch die Möglichkeit, daß Harry durch Gespräche mit der Schwester und deren Freundin einsieht, daß es für das älter und selbständiger werdende Mädchen immer mehr zu einer Zumutung wird, für den Bruder Besorgungen zu machen, die dieser selbst erledigen kann. Im Extremfall kann Harry sogar Schuldgefühle entwickeln.

Das Streitgespräch im Zusammenhang mit unterschiedlichen Einstellungen

Differierende Einstellungen und Mentalitätsmuster sind wichtige Ursachen oder Folgen von Konfliktgesprächen. Wenn jemand ganz anders denkt und empfindet als die übrigen Gruppenmitglieder, so liegt es auf der Hand, daß dissonante Gespräche entstehen. Umgekehrt können verbale Auseinandersetzungen eine Person im Laufe der Zeit zu einem spezifischen Einstellungsmuster führen. Wenn z. B. ein junger Mann verschiedentlich mit Wehrdienstverweigerern über seine Bereitschaft zur Teilnahme am Wehrdienst kontrovers diskutiert, so kann sich seine Einstellung durch jedes Gespräch weiter festigen und zu einem festen Standpunkt verdichten. Auch der umgekehrte Fall ist möglich. Es ist damit zu rechnen, daß dieser verfestigte Standpunkt mehr oder weniger in alle Interaktionen eingeht.

Die Zahl der Möglichkeiten, über einen bestimmten Gegenstand unterschiedlich zu denken, ist nahezu unbegrenzt. So ist es durchaus erklärlich, daß in einer hochdifferenzierten arbeitsteiligen Gesellschaft unzählige Konflikte entstehen und nach Lösungen drängen, da das spannungsgeladene Leben auf die Dauer sehr anstrengend ist.

Beispiel für ein Konfliktgespräch im Zusammenhang mit unterschiedlichen Einstellungen: Die Urlaubsplanung muß vielfach schon in den ersten Monaten des Jahres erfolgen. Sonst wird es zum Sommer hin immer schwieriger mit den Buchungen, weil die meisten guten Quartiere besetzt sind. In der Familie Roter sind die Auffassungen über das Urlaubsziel diesmal recht unterschiedlich; denn Frau Roter hat im vergangenen Jahr einen kräftigen Sonnenbrand erlitten. Sie hat die unangenehmen Begleiterscheinungen und Folgen noch nicht vergessen. Mitte Januar kommt in der Familie Roter ein spannungsgeladenes Gespräch zustande:

Frau R.: Ich habe nun doch mehrfach deutlich gesagt, daß ich in diesem Jahr nicht an die See fahren möchte. Ich möchte auch nicht zur Ostsee, wenn ihr auch noch so sehr dafür schwärmt. Ich seh' mich noch im Spiegel, wie ich krebsrot war und mich nachts nicht im Bett drehen konnte, ohne Schmerzen zu haben.
Herr R.: Nun ja, mein Liebes, ich leide auch noch mit dir, wenn ich daran denke, wie du dich quälen mußtest. Ich meine, wenn wir in diesem Jahr an die etwas kühlere, rauhe dänische Nordsee fahren, wirst du dich rechtzeitig vor der Sonne schützen und etwas überziehen, damit die Sonne dir nichts anhaben kann. Peter und ich sind ja nicht so empfindlich gegen die Sonne an der See.
Frau R.: Ich will überhaupt nichts von der See wissen, muß ich das noch einmal wiederholen? Ich denke, ich war schon deutlich genug.

Systemtheoretisch orientierte Modelle der verbalen Konfliktregulierung

Widerspruch und Konflikt in der Systemtheorie Niklas Luhmanns

Luhmann versteht in seinem Buch „Soziale Systeme" unter einem Widerspruch eine Unbestimmtheit des Systems, nicht eine Unbestimmtheit der Einzeloperationen (1985, 493). Widersprüche sind nicht einfach Interessengegensätze. Jeder Sinn in einem sozialen System verweist auf alles Mögliche und folglich auch auf gegenteiligen oder inkonsistenten Sinn. In jedem Sinnerleben ist Widersprüchliches latent vorhanden. „Jeder Sinn ist widerspruchsfähig, jeder Sinn kann zu einem Widerspruch aufgebaut werden" (a. a. O., 494). Luhmann geht davon aus, daß die Form des Widerspruchs im Ablauf der Zeit variiert. Soziale Systeme werden als Kommunikationssysteme gesehen. Sie erzeugen Widersprüche durch die Kommunikation von Ablehnung. Der Widerspruch entsteht dadurch, daß er kommuniziert wird. Das Sichentgegensetzen wird zum Widerspruch nur, „wenn es die damit unvereinbare Kommunikation (nicht nur: den damit abgewiesenen Sinn!) in sich aufnimmt" (a. a. O., 498). Zunächst geht Luhmann von der Voraussetzung aus, daß Widersprüche ein System destabilisieren, „und sie machen dies an der Unsicherheit des Erwartens erkennbar" (a. a. O., 501). Er fügt aber Feststellungen hinzu, die für Systemtheoretiker und Funktionalisten keineswegs selbstverständlich sind: „Man muß sich jedoch vor dem verbreiteten Irrtum hüten, Destabilisierung sei als solche schon dysfunktional. Komplexe Systeme benötigen vielmehr ein recht hohes Maß an Instabilität, um laufend auf sich selbst und auf ihre Umwelt reagieren zu können, und sie müssen diese Instabilitäten laufend reproduzieren . . ." (a. a. O., 501). Für Luhmann haben Widersprüche dadurch, daß sie die Beseitigung von Abweichungen ermöglichen, aber nicht erzwingen, Eigenschaften, die die Entwicklung eines Immunsystems fördern. Damit greift Luhmann bedeutsame funktionalistische Theorieelemente auf, die sich z. B. bereits bei E. Durkheim und W. E. Moore finden. Widersprüche in sozialen Systemen sind somit keine Betriebsunfälle, sondern eufunktionale Bedingungen für das Weiterfunktionieren (Selbstreproduktion, Selbstreferenz, Autopoiesis) und die Weiterentwicklung. Widersprüche „dienen der Reproduktion des Systems durch die dazu nötige Reproduktion von Instabilitäten, die die Einrichtungen des Immunsystems in Operation setzen können, aber nicht müssen" (a. a. O., 504). Widersprüche sind nicht etwas „Schlechtes" im Vergleich zum „Guten". Da die Widersprüche integrale Bestandteile des sozialen Systems sind, muß man sie nicht als etwas Schlechtes aussortieren. Sie dienen als Alarmsignale und Immunsysteme in den Systemen. „Das Immunsystem schützt nicht die Struktur, es schützt die Autopoiesis, die geschlossene Selbstreproduktion des Systems" (Luhmann 1985, 507). Es schützt durch Negation vor Annihilation. Luhmann bemüht sich um Anschaulichkeit: „Er (der Widerspruch, J. D.) zerstört für einen Augenblick die Gesamtprätention des Systems: geordnete, reduzierte Komplexität zu sein. Für einen Augenblick ist dann unbestimmte Komplexität wiederhergestellt, ist alles möglich. Aber zugleich hat der Widerspruch genug Form, um die Anschlußfähigkeit des kommunikativen Prozessierens von Sinn doch noch zu garantieren. Die Reproduktion des Systems wird nur auf andere Bahnen gelenkt. Sinnformen erscheinen als inkonsistent, und das alarmiert. Aber die Autopoiesis des Systems wird nicht unterbrochen. Es geht weiter. Dies zuerst formuliert zu haben, ist das Verdienst der Hegel'schen Neukonzipierung von ‚Dialektik'" (a. a. O., 508f.). Jede Kommunikation ist auf Kritik, also Ablehnung, also Konflikt angewiesen

(a. a. O., 513). „Andernfalls könnten Wissenschaftler sich nur zur Verherrlichung des bereits Erkannten zusammenfinden. Jeder Erkenntnisgewinn impliziert Kritik" (Luhmann 1985, 513).
Widersprüche sind im System selbst konstituierte Synthesen, Zusammenfassungen von Sinnmomenten unter dem Gesichtspunkt der Unvereinbarkeit. Die „Synthetisierung von Widersprüchen" (a. a. O., 525) kann nicht beliebig erfolgen. Sie ist aber auch nicht durch eine Ontologie schon fest determiniert. Sie hängt mit anderen Konstitutionsleistungen im System zusammen. Luhmann schlägt einen Neubeginn der Konflikttheorie auf der Basis der Systemtheorie vor. Von Konflikten soll dann gesprochen werden, wenn einer Kommunikation widersprochen wird, wenn also ein Widerspruch kommuniziert wird: „Ein Konflikt ist die operative Verselbständigung eines Widerspruchs durch Kommunikation. Ein Konflikt liegt also nur dann vor, wenn Erwartungen kommuniziert werden und das Nichtakzeptieren der Kommunikation rückkommuniziert wird" (a. a. O., 530). Konflikte dienen der Fortsetzung der Kommunikation durch Benutzung einer der Möglichkeiten, die sie offen hält: durch Benutzung des Nein. Der Konflikt übernimmt für eine Weile die Autopoiesis, die Weiterführung der Kommunikation. „Es ist demnach prinzipiell verfehlt, Konflikte auf ein Versagen von Kommunikation zurückzuführen" (Luhmann 1985, 530). Ähnlich wie bereits Georg Simmel sieht Luhmann den Konflikt als eine besondere Form der Vergesellschaftung (Simmel 1958, 186). Wie Simmel geht er von der soziologischen Positivität des Kampfes aus. Im Konflikt liegt ein soziales System besonderer Art vor. Die Gegnerschaft ist ein Integrationsfaktor ersten Ranges. Dadurch ist sie aber zugleich problematisch. Der Konflikt als Integrationsfaktor zieht inhaltlich auch noch so heterogene Handlungen unter dem Gesichtspunkt der negativen doppelten Kontingenz zusammen und fügt sie in das System ein: „Jeder kann alle Möglichkeiten aktualisieren, die den anderen benachteiligen, und je mehr dies geschieht, um so mehr ist er plausibel" (Luhmann 1985, 532). Konflikte erreichen eine hohe Bindungswirkung im Verhältnis von Interpenetration und Struktur. Konflikte deuten auf einen Strukturwandel in der Gesellschaft hin, wie auch R. Dahrendorf festgestellt hat. Luhmann fragt unter systemtheoretischen Gesichtspunkten unter diesen Umständen nicht nur nach der Lösung und schon gar nicht nach einem guten Ende von Konflikten,

sondern vor allem nach ihrer Konditionierbarkeit. Die Konfliktlösung ist nicht Ziel, sondern eher Nebenprodukt der Reproduktion von Konflikten. Der Aufbau von Systemkomplexität erfolgt über Konditionierung, über die Festlegung von Bedingungen, unter denen Zusammenhänge zwischen Elementen hergestellt oder auch nicht hergestellt werden. „Konflikte sind operationalisierte, Kommunikation gewordene Widersprüche. Sie ermöglichen die Konditionierung von Immunereignissen. Sie machen auf Probleme aufmerksam . . ." (Luhmann 1958, 537). Luhmann versteht in konsequenter Verfolgung seines systemtheoretischen Ansatzes Konflikte als autopoietische, sich selbst reproduzierende Einheiten: „Einmal etabliert, ist ihre Fortsetzung zu erwarten und nicht ihre Beendigung" (a. a. O., 537). Entsprechend der steigenden Komplexität eines Gesellschaftssystems werden vermehrt Widersprüche kommunikabel.

Zur Interpretation: Luhmann richtet seinen Blick nicht auf die Handlung des Individuums im sozialen System, sondern auf die Struktur des Systems selbst. Es geht ihm um das System und nicht um den einzelnen Menschen im System, zumindest in seiner Theorie. Wie bei Hegel kann Gegenteiliges und Unterschiedenes zu einem Widerspruch aufgebaut werden. Die Widersprüche entstehen nicht im Individuum, sondern durch kommunikative Prozesse im sozialen System. Auf den ersten Blick destabilisieren Widersprüche das System. Die destabilisierende Wirkung von Widersprüchen ist in Wirklichkeit aber eine stabilisierende, integrierende. Widersprüche dienen der Entwicklung und Reproduktion eines kollektiven Immunsystems. Sie sind Alarmsignale und Indikatoren von Problemsituationen. Der Widerspruch hat nur eine vorübergehende verunsichernde Wirkung. Seine innere Mächtigkeit ist so groß, daß die Kommunikationsvorgänge im System ihre Kraft zur Anschlußfähigkeit bewahren. Die Reproduktion des Systems wird nur in andere Bahnen gelenkt, jedoch nicht grundlegend in Frage gestellt. Kommunikation ist grundsätzlich auf Kritik und Widersprüche angewiesen. Andernfalls würde die Reflexion sich um sich selbst drehen. Für Luhmann kann die Synthetisierung von Widersprüchen nicht nach einem vorgegebenen Schema erfolgen, wie das z. B. bei Hegel der Fall ist. Der Konflikt ist die Fortsetzung der Selbsterhaltung und ständigen Neuschaffung der sozialen Gruppe mit anderen Mitteln. Die Funktion des Konflikts ist grundsätzlich positiv, da der Konflikt Dienste am System leistet. Den Systemtheoretiker interessieren weniger die Probleme der in diesen Systemen lebenden Menschen als Träger von Rollen oder Inhaber von Positionen in Verbindung mit den Kommunikationen im System. Den Systemtheoretiker interessiert das System. Die Reduktion der Komplexität des Systems führt zu dem Ergebnis, daß die personalen Systeme (also die Menschen) zu psychischen Systemen reduziert werden (Luhmann 1985, 346): „Wir gehen davon aus, daß die sozialen Systeme nicht aus psychischen Systemen, geschweige denn aus leibhaftigen Menschen bestehen. Demnach gehören die psychischen Systeme zur Umwelt sozialer Systeme. Sie sind freilich ein Teil der Umwelt, der für die Bildung sozialer Systeme in besonderem Maße relevant ist" (a. a. O., 346). Das Kapitel über die Individualität psychischer Systeme nimmt einen eher „marginalen" Raum in der Abhandlung über soziale Systeme ein. Somit kann gesagt werden, daß das Individuum als ein im Umweltbereich des Systems angesiedeltes Wesen im Verhältnis zum System eine marginale Position einnimmt. Ein derartiger Theorieansatz darf nicht in die Gefahr geraten, die Individualität der Person in den Interaktionsaktivitäten des sozialen Systems untergehen zu lassen. Solange Systemtheorie solchen Gefahren standhält, ist sie als ein tragfähiger theoretischer Grund für Reflexionen über die Strukturierung von sozialen Gruppen und Organisationen anzusehen. So hat z. B. Türk in seiner „Soziologie der Organisation" (1978) verschiedene Impulse aus der Systemtheorie verarbeitet. Auch Türk weist darauf hin, daß Systeme stets nur in den Köpfen der Menschen existieren (a. a. O., 31).

In der Luhmannschen Systemtheorie werden Konflikte konsequenterweise nicht als interindividuelle Konflikte gesehen, sondern als Systemkonflikte. Damit liegen die Konflikte und Widersprüche nicht im unmittelbaren Aktionsfeld der Personen. Sie betreffen die Personen als individuelle Wesen nur in deren Funktion als Mitglieder des Umfeldes des sozialen Systems und nicht als Mitglieder des Systems. Diese Perspektive vermag die Vorstellung zu suggerieren, daß die Personen im Sinne von individuellen psychischen Systemen sich auf einer anderen logischen Ebene befinden als die Systeme selbst, nämlich auf der Ebene des Umfeldes. Der Ertrag der Luhmannschen Systemtheorie für die Frage nach der Regulierung von Konflikten durch Dialoge besagt: Wenn Konflikte in Gruppen und Organisationen in die Richtung einer Lösung geführt werden, so sind diese Prozesse Wiederholungen und Differenzierungen der Konfliktabläufe in den übergeordneten Gesamtsystemen. Im kleinen sozialen Bezugsrahmen haben

Konflikte und Widersprüche dieselbe reproduzierende Wirkung wie im großen. Luhmann wendet seinen Grundbegriff einer „geschlossen-selbstreferentiellen Reproduktion des Systems" (Luhmann 1985, 355) direkt auf psychische Systeme an. Damit kann gefolgert werden, daß Widersprüche und Konflikte auch für die Persönlichkeitsbildung eine positive Funktion haben.

Die Systemtheoretiker sind zumindest tendenziell orientiert an Hegels Feststellung, das Ganze sei das Wahre. Dieser Ansatz läßt die Folgerung zu: Wo das Ganze des Systems Zentrum des theoretischen Durchblicks ist, da ist das Individuelle und Individualpsychische von peripherer Bedeutung und Mittel zum Zweck der gelungenen Reproduktion des Systems. Alles hat sich den Bedürfnissen des sozialen Systems unterzuordnen. So existiert auch bei Luhmann zuerst das System mit seinen Unterschiedlichkeiten und Widersprüchen als integraler Bestandteil des Systems selbst. Da das System die Widersprüche als Abfederungsmechanismen, Reproduktionsbedingungen und Alarmsignale braucht, müssen alle am System Beteiligten – und dazu gehören auch als im Systemumfeld befindlich die Individuen – Widersprüche und Konflikte nicht nur durchstehen und mehr oder weniger bejahen, sondern sich grundsätzlich an die Fortexistenz von Konflikten gewöhnen. Sozialpsychologische Theorien als Bestandteile des Systems müßten sich einfügen in die Einsicht, daß Konflikte mehr auf Fortsetzung als auf Lösung angelegt sind. Vor diesem Hintergrund muten kunsthandwerkliche Geschicklichkeiten der sozialen Harmonisierung und Konfliktlösung in der kleinen Gruppe an wie Anachronismen, wie das Bemühen, langfristig gegen den Strom des Systems zu schwimmen. Das Modell könnte so formuliert werden: Da Konflikte und Widersprüche für das System notwendig sind, müssen sie für die Personen als am System Beteiligte auch notwendig sein. Also muß die Pädagogik die kleinen Gruppen, die Schulklassen und Lerngruppen auf das Durchstehen der Konflikte einstimmen und entsprechende Lernmechanismen und theoretische Leitlinien bereitstellen.
Folgerungen für die Regulierung von Konflikten durch Dialoge in Form von Leitsätzen:

1. Antagonistische Dialoge sind Ausdruck der Komplexität von sozialen Systemen. Wo es unterschiedliche Gruppen gibt und wo in Verbindung damit die Wertideen, Meinungen und Handlungsmaximen mitgeteilt werden, da ist die Entstehung von Widersprüchen aus strukturellen Bedingungen heraus als gegeben anzusehen.
2. Die Disputanten müssen erfassen, daß die Bewältigung von Widersprüchen die beteiligten sozialen Systeme gewissermaßen in einem Federungsprozeß restabilisieren.
3. Die Kontrahenten müssen erkennen: Durch den antagonistischen Dialog kommen wir zu einem neuen Punkt der Betrachtung.
4. Die Disputanten müssen sehen, daß die Anschlußfähigkeit des gesamten Systems nicht durch die Austragung von Widersprüchen verloren geht.
5. Die Teilnehmer am Streitgespräch müssen begreifen, daß Konflikte Angelegenheiten von Systemen sind. Die am Streit beteiligten Individuen sind Mitglieder sozialer Systeme. Daher dürfen sie die Streitigkeiten nicht ausschließlich auf ihre Person beziehen.

Das systemische Modell der Familientherapie nach Maurizio Andolfi

Die moderne Familientherapie sucht die Ursachen von Störungen im Aufbau der sozial-kulturellen Person nicht in der Person des identifizierten Patienten, sondern im Interaktionssystem der betreffenden Familie. Ein personales Defizit in Form einer Verhaltensstörung wird auf die spezifische Form der Kommunikationsabläufe, Interaktionskanäle und Machtausübung innerhalb der betreffenden Familie zurückgeführt und nicht auf eine Störung in der Struktur der Person. Soziales wird nach dem klassischen Vorgang von Durkheim durch Soziales erklärt, nicht dagegen durch Personales.
Nach dem Ansatz von Andolfi (1985) wird die Familie als ein interagierendes System gesehen. Als Systemtheoretiker betrachtet er die Menschen und Geschehnisse nicht hinsichtlich ihrer Merkmale und Eigenschaften, sondern vor dem Hintergrund ihrer Interaktionen. Die Erkundungen des Therapeuten beginnen mit der Analyse der Beziehungen, die zwischen dem Individuum und dem Interaktions-

system Familie bestehen. Die systemische Orientierung ist auf Veränderungsmöglichkeiten innerhalb des sozialen Systems Familie gerichtet, nicht dagegen auf die Fortschreibung irgendeiner Stigmatisierung einer angeblich „kranken" Person. Die systemische Perspektive sieht die Familie entsprechend dem systemtheoretischen Theorieansatz als ein System, das sich in ständiger Transformation befindet. Die Familie muß ein Gleichgewicht herstellen zwischen ihrer Tendenz zur Homöostase und ihrer Kapazität zur Transformation. Sie gilt als System der aktiven Selbstregulation. Aus der systemischen Perspektive ist gestörtes Verhalten ein Anzeichen dafür, daß das Streben nach Selbstbestimmung und Differenzierung zugunsten des Fortbestehens gewisser dysfunktionaler Beziehungen in der Familie aufgegeben worden ist. Das Familiensystem wird dysfunktional, wenn es nicht die Fähigkeit besitzt, Veränderungen herbeizuführen. Durch die starren Verhaltensformen der Familienmitglieder wird ein soziales Gleichgewicht errichtet, das rund um eine Konfliktsituation aufgebaut wurde. Jedes Familienmitglied fühlt sich bedroht, sobald sich eine neue Situation ergibt. Veränderung der bestehenden Verhaltensformen bedeutet Befreiung und eine neue veränderte Ausrichtung der Energien des Familiensystems. Andolfi (1985, 34) formuliert: „Die Familie übernimmt die Verantwortung für die allmählich deutlich werdenden Interaktionsschwierigkeiten und wird so selbst zum Protagonisten des therapeutischen Prozesses." Der Therapeut nimmt aktiv am therapeutischen System teil. Seine Aufgabe besteht darin, „das Gleichgewicht des Systems wie auch das Gleichgewicht jedes Mitglieds des Systems ins Wanken zu bringen, um so die im System vorhandenen Fähigkeiten zur Entfaltung neuer Formen der Begegnung und des Miteinander zu aktivieren" (a. a. O., 34). Der im Familiensystem vorhandene Konflikt wird vor allem auf dialogischer Ebene geklärt und durch Aktivierung der in der Familie liegenden Kräfte reguliert.
Die konfliktregulierenden Gespräche finden in einem großen Behandlungsraum statt, der sparsam eingerichtet ist und einen Einwegspiegel enthält, dessen Existenz allen Beteiligten deutlich gemacht wird. Der Raum enthält visuelle Apparate für Trainingszwecke. Man kann die gefilmten Szenen den Familienmitgliedern vorführen. Andolfi beschreibt eine Reihe von therapeutischen Beispielen. So kam die Familie Tozzi wegen des Mutismus der Tochter (psychisch be-

dingte Stummheit ohne organischen Defekt) zur Behandlung. Die Mutter bemühte sich vergebens, die Tochter zum Reden zu bewegen. „Jedesmal, wenn das Mädchen von sich aus irgend etwas unternehmen oder auch nur den Mund aufmachen wollte, mischte die Mutter sich ein und handelte an seiner Stelle. Dann zögerte das Mädchen noch stärker, und die Mutter reagierte mit noch beredterem Zureden. Der Teufelskreis wiederholte sich endlos" (Andolfi 1985, 37). Sobald der Vater die Mutter kritisierte, wurde die Starrheit des Systems noch offensichtlicher. Am Fernsehschirm konnte die Mutter dann selbst sehen, daß ihr ständiges Zureden und Ermuntern die Tochter eher behinderte als stützte. Für die erfolgreiche Therapie ist das Ausbrechen aus diesem Teufelskreis entscheidend.

Der Supervisor (vergleichbar mit dem Trainer beim Fußballspiel) schlägt dem Therapeuten im Einklang mit dem Gesamtplan der Behandlung bestimmte Arbeitsschritte vor. Vor und nach jeder Sitzung müssen Besprechungen stattfinden. Es ist möglich, vorübergehend ein Mitglied der Familie in die Rolle des Kotherapeuten zu versetzen. Diese Methode kann von ganz großem Erfolg sein.

Zur Planung der Behandlung baut der Therapeut einen Lageplan auf, aus dem das Interaktionsmuster der jeweiligen Familie hervorgeht. Beim Erstgespräch tritt der Therapeut mit jedem Familienmitglied in Verbindung. Er versucht, eine Atmosphäre des Vertrauens zu schaffen. Jedes Familienmitglied verdient die gleiche Aufmerksamkeit. Wenn eines der Kinder gestört ist, sind die Eltern häufig untereinander nicht einig. Es kommt vor, daß die Eltern sich über den identifizierten Patienten (das angeblich kranke Kind) unterhalten. So kann jeder den anderen kritisieren, ohne dabei die eheliche Beziehung zu gefährden. Auf diesem Umweg kann das Kind seinen Eltern durch sein auffälliges Handeln helfen. Wenn die Eltern es nicht fertig bringen, sich im gleichen Zimmer aufzuhalten, ohne miteinander zu streiten, haben die Ängste des Kindes eine beschützende Funktion: „Dadurch, daß sie auf dem Kind als dem Problem bestehen, ziehen die Eltern ihre eigene Aufmerksamkeit und diejenige des Therapeuten von ihren ehelichen Schwierigkeiten ab" (Andolfi 1985, 53).

Hinsichtlich der Konfliktsituation der behandelten Familie darf der Therapeut sich nicht in die emotional bestimmten Interaktionen der Familienmitglieder hineinziehen lassen. Vielmehr muß er der gedul-

dige, neutrale Zuhörer sein, um den Teufelskreis durchbrechen zu können, der die Krise am Leben erhält. Es ist zweckmäßig, daß er seine Kräfte einsetzt, um zu erwirken, daß die Beteiligten sich wenigstens ein Minimum an Respekt entgegenbringen.
Häufig äußert sich ein ehelicher Konflikt im Verhalten des Kindes: „Tatsächlich ist es schon nahezu eine feststehende Regel, daß die Störung eines Kindes die Probleme widerspiegelt, die zwischen den Eltern bestehen" (a. a. O., 65). In der Phase der Aktivierung des Familiensystems setzt der Therapeut sich eine Reihe von Zielen. So nimmt er sich z. B. vor, die direkte Kommunikation unter den Familienmitgliedern zu aktivieren. Der Therapeut kann der Familie keine gebrauchsfertigen Lösungen anbieten.
Als schwierig erweist sich die therapeutische Arbeit mit schizophrenogenen, losgelösten und verstrickten Familien. Losgelöste Familien haben unangemessen starre Grenzen. Bei den verstrickten Familien sind die Grenzen diffus. In beiden Fällen liegen rigide Familiensysteme vor. Solche Systeme fühlen sich hilflos und unfähig zur Selbstbestimmung. Sie müssen vom Therapeuten zunächst durch den Dialog geöffnet werden. Wenn eine Familie z. B. durch die Schule aufgefordert wird, sich wegen der Störungen des Kindes an einen Therapeuten zu wenden, so kann der Therapeut die Familie motivieren, ein besseres Verhältnis zur Schule aufzubauen.
Für Andolfi gehört zu den wichtigsten Aufgaben der Therapie die Linderung des Leidensdrucks, aufgrund dessen die Intervention erbeten wurde. Die Neudefinition des Problems in der Familientherapie besteht darin, daß nach der interaktionellen Signifikanz des gestörten Verhaltens gesucht wird. Es geht um das Wachstum der ganzen Familiengruppe und die Überwindung des psychiatrischen Ansatzes: „Eine auf das Individuum ausgerichtete Therapie und die Abwälzung der Verantwortung auf einen Experten sind die Eckpfeiler des psychiatrischen Ansatzes, der auf dem medizinischen Krankheitsmodell beruht. Dieses Modell geht davon aus, daß das Objekt der Behandlung ein krankes Individuum ist, was allgemein auch von der Mehrzahl der Klienten in den öffentlichen Einrichtungen und in der privaten Sprechstunde akzeptiert wird" (Andolfi 1985, 87f.). Die Lösung des Konflikts wird nicht dadurch bewirkt, daß der Therapeut von irgendeinem Familienmitglied gebeten wird, eine Intervention vorzunehmen, die angeblich für den definierten Patienten nütz-

lich ist. „Dieser Weg wird so gut wie immer eingeschlagen, wenn es sich um Kinder oder um Psychotiker handelt, die nur zu oft ihrer Selbstbestimmung beraubt sind. Eine Behandlung, die auf dieser Grundlage in Angriff genommen wird, muß ganz einfach wirkungslos bleiben und die Passivität noch fördern" (a. a. O., 88). Die verbale Konfliktlösung zielt in solchen Fällen nicht auf ein „krankes" Individuum, sondern vielmehr auf Akte der Mitbestimmung in der Familie und Entfaltung in einer gewachsenen Gruppe. Der systemische Ansatz besagt: Die Krankheit des individuellen Familienmitgliedes erklärt die Schwierigkeiten der gesamten Familie, die ja auch unter der Krankheit zu leiden hat. Der Therapeut muß dafür Sorge tragen, daß die Familie sich aufgefordert sieht, die Verantwortung für die Lösung ihrer Interaktionsschwierigkeiten zu übernehmen.

Die schwierigste Situation ist für den Therapeuten diejenige der Schizophrenie. Wenn diese Diagnose erst einmal gestellt ist und der Patient in die psychiatrische Karriere hineindefiniert worden ist, dann herrscht in den Sitzungen eine Atmosphäre der Gespanntheit und Unausweichlichkeit, selbst wenn der Patient sich vollkommen normal verhält. Durch sein persönliches Engagement und die Wiederaufdeckung der irrationalen Aspekte seines Selbst kann der Therapeut der Familie zeigen, daß der Zusammenhang zwischen Normalität und Verrücktheit umkehrbar ist. Der Therapeut demonstriert, daß die Verrücktheit eine Rolle ist, die wie jede andere Rolle gespielt werden kann, daß sie dann aber auch wie jede andere Rolle reversibel sein muß. Schwierige Situationen lassen sich lösen durch die Befreiung des Individuums aus seiner Rolle als Sündenbock und durch die Befreiung der Familie aus ihrer Rolle als Angeklagte. Die systemische Betrachtungsweise geht nicht von der Annahme einer psychischen Störung aus, sondern von einem auf dem Weg über die Interaktionen der Gruppe entstandenen Konglomerat aus familialen und außerfamilialen Spannungen. Wenn die Interaktionsmuster der Familie aufgedeckt und jedem Beteiligten sichtbar gemacht worden sind, ist es schwieriger für die Mitglieder der behandelten Familie, die Illusion aufrechtzuerhalten, daß alle diese Schwierigkeiten ihren Ursprung im Problem eines bestimmten Mitgliedes haben, und es wird leichter, eine Veränderung in der Gruppe herbeizuführen. Die Neudefinition des Problems lehrt gewissermaßen ein neues Spiel, und damit wird das alte Spiel sinnlos.

Der systemische Ansatz Andolfis zur Familientherapie vereinigt verschiedene Theorieelemente: systemtheoretische, interaktionistische, handlungstheoretische, dialektische. Spezifisch systemtheoretisch ist die Idee des sich selbst regulierenden Gleichgewichts der Familie, allerdings mit zirkulär-dysfunktionaler Tendenz, die durch den Prozeß der Therapie des gesamten Systems der Familie in eine funktionale umzuwandeln wäre. Das Ganze des Systems „Patient Familie" ist das Wahre: Alle müssen zur Therapie erscheinen. Wenn einer nicht kommt, wird er geholt. Gegenstand der Therapie sind die Interaktionen zwischen den Mitgliedern der Familie, die es in der Therapie zu verändern gilt, weil die Transformation des Gleichgewichts der Familie Sinn und Aufgabe der Behandlung ist. Das falsche Gleichgewicht ist in ein richtiges zu verwandeln. Das Ganze hat das Übergewicht gegenüber dem Individuum, das sein Fehlverhalten auf die falsche Sich-selbst-Konstruktion der Familie zurückführen muß. Handlungstheoretisch ist der Eingriff in die zirkuläre Selbstregulierung des Systems. Dialektisch ist das Prozessuale der Transformation des dysfunktionalen Gleichgewichts in ein funktionales.

Strukturelle Bedingungen des Konfliktablaufs nach Morton Deutsch

Deutsch führt eine Reihe von Bedingungen im Sinne veränderlicher Größen an, die auf den Ablauf eines Konflikts einwirken (1976, 12 ff.). Er baut einen sozialpsychologischen Bezugsrahmen der Konfliktvariablen auf:

1. Die Eigenschaften der Konfliktparteien: ihre Wertauffassungen und Motivationen; ihre physischen, intellektuellen und sozialen Möglichkeiten, einen Konflikt zu lösen; ihre Auffassung vom Konflikt einschließlich ihrer Ansichten von Strategie und Taktik.
2. Die frühere Beziehung der Parteien zueinander: ihre Einstellungen, Überzeugungen und Erwartungen einschließlich der Auffassung, die ein jeder von der Meinung des anderen hat und besonders des Grades an Bedeutung, welcher Bewertungen wie gut – schlecht, glaubwürdig – unglaubwürdig zukommt.
3. Das Kernproblem, das den Konflikt ausgelöst hat: Umfang, Häu-

figkeit, Hartnäckigkeit, Bedeutung der Motivation, der Bewußtheit.
4. Das soziale Milieu, in dem sich der Konflikt abspielt.
5. Die am Konflikt interessierten Zuschauer: ihre Beziehung zu den Konfliktparteien und zueinander, ihre Interessen an dem Konflikt und seinen Ergebnissen, ihre Eigenschaften.
6. Strategien und Taktiken, die von den Konfliktparteien benutzt werden.
7. Die Folgen des Konflikts für jeden Teilnehmer und die anderen interessierten Parteien: Gewinne oder Verluste, Präzedenzfälle, die geschaffen werden, Veränderungen usw.

Kritische Würdigung des Modells: Wenn man über geeignete Methoden und Mittel zur Lösung eines Konflikts nachdenkt, genügt es meistens nicht, bestimmte Strategien und Taktiken anzuwenden. Darüber hinaus ist es wichtig, den Blick über das unmittelbare Konfliktfeld hinaus zu richten, um die Entstehung und Austragungsform der Auseinandersetzung besser in den Griff zu bekommen. Die praktische Bewältigung eines Konflikts ist besser zu vollziehen, wenn das strukturelle Umfeld bekannt ist und verstanden wird. Das von Deutsch entwickelte Modell trägt dazu bei, aus der Sicht der Sozialpsychologie die Gesamtsituation eines Konflikts zu differenzieren und zu operationalisieren. Wenn jemand z. B. ohne wissenschaftliche Schulung in einen Konflikt eintritt, so kann seine Wertauffassung (Punkt 1) ebenso wie seine intellektuelle Möglichkeit ihn an der Einsicht hindern, daß sein Kontrahent Taktiken anwendet, auf die er nicht gefaßt ist, weil er nicht die Fülle der Taktiken mit ihren Folgen kennt. Die frühere Beziehung der Kontrahenten zueinander (Punkt 2) kann insofern von Bedeutung sein, als eine frühere latente Rivalität zwischen den Kontrahenten anläßlich des Konflikts manifest wird. Hinter dem äußeren Anlaß eines Konflikts, z. B. einer Erbteilung, kann unter Umständen das Bedürfnis stehen, eine Machtposition innerhalb einer bestehenden Familie und Geschwisterreihe zu behaupten (Punkt 3). Das soziale Milieu (Punkt 4), in dem sich der Konflikt abspielt, kann Einfluß nehmen auf die Methode der taktischen Mittel der Konfliktaustragung, z. B. in Form des „Schneidens" in dem Sinne, daß man den Kontrahenten nicht grüßt und nicht mit ihm spricht. Nicht ohne Bedeutung sind die Zuschauer des Konflikts (Punkt 5), vor denen die Kontrahenten sich wahrscheinlich nicht blamieren wollen und die

durch einen derartigen Mechanismus der Verhaltenssteuerung möglicherweise neutralisierend auf den Konfliktablauf oder zumindest auf die Manifestierung des Konflikts einwirken. Die von den Konfliktparteien gewählten Strategien und Taktiken (Drohungen, Berufung auf Gesetze, „Schneiden" usw.) dürften auf die Erinnerung an selbst miterlebte frühere Konfliktaustragungen, auf fachorientierte Literatur usw. zurückgehen. Die Folgen des Konflikts (Punkt 7) können materieller Art (z. B. Kosten für einen Rechtsanwalt) oder immaterieller Art (Prestigeverlust gegenüber bestimmten Personen) sein. Sie können aus Gewinnen oder Verlusten bestehen. Sie können so aussehen, daß der Verlust des einen Kontrahenten den Gewinn des anderen ausmacht (Nullsummen-Konflikt). Sie können zu Einstellungs- und Verhaltensänderungen führen. Daß ein Konflikt Folgen hat, wird von den Kontrahenten bei Beginn der Auseinandersetzung nicht immer durchschaut.
Der von Deutsch vorgelegte Katalog von Variablen zur Erfassung der Gesamtstruktur des Konfliktfeldes kann sicherlich als Reduktion von Komplexität in dem Sinne aufgefaßt werden, daß er eine gezielte fachspezifische Auswahl aus einer Fülle von möglichen Variablen darstellt. Für den Konflikttherapeuten kann er als ein wichtiges mittelbares Instrument der Konfliktregulierung dienen.
Für Deutsch stehen die strukturellen Bedingungen des Systems im Mittelpunkt der Betrachtung. Wichtige Voraussetzung der verbalen Konfliktregulierung ist die Arbeit an der Transparenz des strukturellen Umfeldes der Auseinandersetzung. Die Strukturanalyse eines Konfliktablaufs von den verschiedenen Voraussetzungen und Verhalteneigenschaften her hat die Funktion, den Konfliktablauf theoretisch und praktisch in den Griff zu bekommen. Dazu gehört auch die Einsicht in die Folgen des Konflikts als wichtiger Bestandteil der wissenschaftlichen Analyse. Die Beschränkung der Analyse auf bestimmte Teilbereiche entspricht der systemtheoretischen Methode, in idealtypischer Form Systemkomplexität zu reduzieren (vgl. Luhmann).

Die Podiumsdiskussion als Mittel der Konfliktregulierung

Um die Gegensätzlichkeit von Meinungen und Einstellungen (z. B. zum geplanten Ausbau eines Straßensystems am Ortsrand) zu erkun-

den und möglicherweise fruchtbar zu machen, müssen in der Podiumsdiskussion verschiedene Voraussetzungen beachtet werden. Zunächst muß bei den Podiumsrednern ein vitales Interesse am Thema gegeben sein. Dasselbe trifft für das Publikum zu. Bei Rednern und Zuhörern muß eine hinreichende Sachkompetenz vorhanden sein. Dabei ist es möglich, daß die Redner ihre Kompetenz auf bestimmte Teilbereiche oder Perspektiven beschränken können. Erforderlich sind sprachliche Fähigkeiten und Mut zur Wortmeldung bei den Beteiligten. Eine gewisse Gegensätzlichkeit der Rednerstandpunkte ist Voraussetzung für das Zustandekommen einer kontrovers geführten Disputation. Dieser Gesichtspunkt muß bei der Auswahl der Redner berücksichtigt werden. Das Handeln des Moderators muß durch entsprechende Sach- und Verhaltenszuständigkeiten gekennzeichnet sein. Dazu gehört die zumindest vorübergehende affektuelle Neutralisierung des eigenen politisch-kulturellen Standpunktes ebenso wie die Bereitschaft, alle gegenläufigen Meinungen und Mentalitäten zu berücksichtigen. Erforderlich sind ein sicheres Auftreten, ferner die Bereitschaft zur Flexibilisierung des Ablaufs der Diskussion und die Fähigkeit zum Zusammenfassen und Koordinieren.
Die Podiumsdiskussion als mehrstündiger, kontroverser Austausch von verschiedenartigen, vielfach gegensätzlichen Wertungen und Grundauffassungen bedarf einer Formgebung, damit das erwartete Ziel der Veranstaltung erreicht wird. Zu diesem Zweck wird hier auf der Grundlage der Analyse verschiedener Podiumsdiskussionen ein Beispiel für ein allgemeines Modell entwickelt:

1. Phase: Der Moderator trägt eine Einführung in das zu behandelnde Problem vor, nachdem er die Podiumsredner vorgestellt hat. Er gibt methodische Hinweise. Beispiel: Jeder Podiumsredner hat für die Dauer von ca. sieben Minuten Gelegenheit, seinen Standpunkt vorzutragen. Der Zeitpunkt der Einschaltung von Beiträgen aus dem Publikum wird festgelegt oder zur Diskussion gestellt.
2. Phase: Die Podiumsredner tragen ihren persönlichen und/oder gruppenspezifischen Standpunkt zum anstehenden Problem vor. Diese Phase kann für die Zuhörer langatmig, uninteressant und für den Ablauf der gesamten Diskussion zeitraubend sein. Daher kann

gegebenenfalls auf sie verzichtet werden. In einem solchen Fall ist es z. B. möglich, daß der Moderator die Diskussion durch gezielte provozierende Fragen an die Podiumsredner stimuliert.
3. Phase: Der Moderator gibt die Diskussion für alle Podiumsredner frei. Dabei kann er sich die Möglichkeit vorbehalten, den Disput zunächst für eine begrenzte Zeit auf die Podiumsredner zu beschränken.
4. Phase: Der Moderator gibt den Podiumsrednern nach der Austragung der mehr oder weniger gegensätzlichen Standpunkte Gelegenheit, jeweils ein kurzes Schlußwort vorzutragen.
5. Phase: Der Moderator beendet die Podiumsdiskussion. Er hat jetzt die Gelegenheit, seine Meinung und Interpretation in bezug auf den Ablauf und das Ergebnis der Diskussion mitzuteilen.

Grundsätzlich bleibt es dem Moderator während aller Phasen der Diskussion vorbehalten, erläuternde Zusammenfassungen oder Erklärungen einzublenden, um den Verlauf der Veranstaltung für möglichst viele Zuhörer durchsichtig zu machen. Diese Hilfestellung des Moderators bezieht sich insbesondere auf die Herausarbeitung von übergreifenden Leitlinien. Das Gefüge einer Podiumsdiskussion wird von der Themenstellung beeinflußt.
Wenn man Bewertungsmaßstäbe für Podiumsdiskussionen entwikkeln will, ist zunächst die Frage von Interesse, ob der durchschnittliche Besucher einen Informationszuwachs erfährt. Sodann kann der Gedankenaustausch beurteilt werden:

1. Wie werden die verschiedenen Standpunkte geklärt und voneinander abgegrenzt?
2. Wie ist die Bereitschaft zum Zuhören beschaffen?
3. Erfolgen gegenseitige Anregungen?
4. Werden gegensätzliche Auffassungen wechselseitig respektiert?
5. Wie wird mit Provokationen umgegangen?
6. Wird die Mehrzahl der Teilnehmer vermutlich zum Nachdenken oder Umdenken über den behandelten Gegenstand angeregt?
7. Lassen die Äußerungen der Teilnehmer erkennen, daß man bereit ist, die Theorie in die Praxis einzubauen?

Über den soziologischen Stellenwert der Podiumsdiskussion: Für den einzelnen Teilnehmer kann die Diskussion am Podium eine kathartische Wirkung haben, indem er sich durch aktive Beteiligung an der Auseinandersetzung von seelischen Konflikten und inneren Spannungen befreit, so daß eine emotionale Abreaktion stattfindet. Die in einer solchen Veranstaltung zur Diskussion gestellten Anliegen sind nicht selten stark affektiv besetzt, da vielfach unmittelbare, vitale Interessen berührt werden, z. B. durch die Erörterung der Fragen: Soll die neue Straße hier durch die bewundernswerte Naturlandschaft gezogen werden und uns Lärm und Abgase bringen? Soll unsere Grund- und Hauptschule im übernächsten Jahr wegen des Rückgangs der Geburtenraten geschlossen werden, so daß die Kinder aus diesem Bezirk einen viel weiteren Schulweg auf sich nehmen müssen? Wer seinem Zorn in der Podiumsdiskussion Luft machen kann, indem er vehement seine Meinung beschwörend vorträgt, der kann zumindest das Gefühl haben: Was in meiner persönlichen Macht steht, habe ich getan. Wenn es doch anders gemacht wird, als ich es haben möchte, so bleibt mir nur übrig, mich in das Unvermeidliche zu schicken. Die Podiumsdiskussion gibt ferner manchem Teilnehmer die Möglichkeit, sich durch die Kunst der Rede, des Auftretens und der fundierten Sachkenntnis in einer speziellen Angelegenheit zu profilieren. Für den übergreifenden sozial-kulturellen Kreis, z. B. für die Gemeinde, die Organisation, den Ortsteil usw., hat die Podiumsdiskussion einen Ventilationseffekt insofern, als die gegenläufigen Auffassungen die Gelegenheit zur Äußerung, zur Austragung und möglicherweise zur Koordination erhalten. Latente Aggressionen können kanalisiert und abreagiert werden, die politisch-kulturellen Kräfte werden gemessen, die Schwächeren werden durch die Mechanismen der demokratischen Verwaltung genötigt, sich ins Unvermeidliche zu schicken. Aber sie haben das Gefühl, ihr Mögliches getan zu haben. Die betroffene sozial-kulturelle Einheit, z. B. die Gemeinde, hat etwas getan, um die entstandenen Empfindungen zu kanalisieren und zu koordinieren. Letztlich ist das eine Leistung im Interesse der Spannungsbewältigung, der Integration und der Sicherung der inneren Ordnung.

Die in der Podiumsdiskussion angestrebte Spannungsbewältigung mit Ventilationseffekten und dem Aufweis von neuen Möglichkeiten im Unterschied zu bestimmten Unmöglichkeiten der Strukturierung von Teileinheiten des sozialen Systems ordnet sich in den systemtheoretischen Anspruch ein, daß es in diesem bestimmten System (Beispiel:

Gemeinde) Konflikte und Spannungen gibt, deren Existenz öffentlich eingeräumt wird und die es durch Dialoge zu kanalisieren und zu regulieren gilt. Die Podiumsdiskussion ist funktional dadurch, daß sie die konstruktive Reproduktion und Autopoiesis des Systems fördert. Die sozial- und individualpsychologischen Aspekte beziehen sich auf Möglichkeiten der persönlichen Profilierung und Darstellung, der Aggression und der Abwehr, ferner z. B. der Rationalisierung von Vitalinteressen (vgl. Th. Geiger).

Systemtheoretisch bestimmte Strategien der verbalen Konfliktregulierung

Der Verweis auf bestehende Verhaltensvorschriften als Strategie der Konfliktlösung

Dieses Verfahren besteht darin, daß der Gegner in seinem Handeln an bestehende Sitten, Gebräuche, Traditionen, Verhaltensregeln und Gesetze gebunden wird. Der Verweis auf ein bestehendes Gesetz bringt eine gewisse Überschaubarkeit in die Handlungsabläufe hinein. Die Bindung an Regeln zielt auf Rationalität im Sinne der Berechenbarkeit des Handelns und der Entzauberung der sozialen Sphäre. Jedoch muß der Zwang, in den der Kontrahent unter Umständen eingefügt wird, nicht in jedem Fall mit vernunftgerechtem Handeln und Argumentieren vereinbar sein, z. B. dann nicht, wenn der Verweis auf bestehende Normen an Nötigung grenzt und der Zwang die Vernunft zu verdrängen droht. In der internationalen Politik wird z. B. gelegentlich auf die Schlußakte der Konferenz von Helsinki verwiesen, wenn es um die Einhaltung der Menschenrechte geht. Im Bereich kleinerer Gruppen und Organisationen beruft man sich nicht selten auf bestehende Gepflogenheiten und Traditionen, deren Einhaltung gegeben sein muß, wenn man aus der Konfliktsphäre herauskommen will. Ein Sonderfall dieser Strategie liegt dann vor, wenn man den Kontrahenten im konfliktregulierenden Gespräch an Normen und Aussagen bindet, die dieser zu einem früheren Zeitpunkt selbst einmal aufgestellt hat. Hier geht man davon aus, daß der Kontrahent diese seine eigenen Grundsätze nicht ohne überzeugenden Grund aufgeben wird und kann, wenn er nicht seine

Identität und sein Prestige gefährden will. In diesem Sonderfall verwendet man das, was der Kontrahent einmal gesagt hat, gegen dessen momentane Interessen. Diese Taktik ist oft im politischen Disput insbesondere vor den Wahlen anzutreffen.
Bühl bemerkt in diesem Zusammenhang, daß bei der Konfliktlösung durch Normbindung auf das allgemeine Interesse des gesamten Sozialzusammenhangs verwiesen wird (Bühl 1973, 33). So hat das gesatzte Recht einen systemerhaltenden, integrativen Aufgabenkreis zu erfüllen, indem normabweichende Handlungen immer wieder in legalen Gerichtsprozessen am geltenden Recht gemessen und auf diese Verhaltensvorschriften zurückgebunden werden. Durch die Bindung des Sozialverhaltens an geschriebene und ungeschriebene Gesetze wird Individuen, Gruppen und Organisationen die Sicherheit gegeben, daß das Handeln anderer sich immer in einem bestimmten, abgegrenzten Bezugsrahmen bewegen muß und daß dem Willkürhandeln Grenzen gesetzt sind. Ein gewisses Ausmaß an Beweglichkeit erhält die Konfliktlösung durch Normbindung durch den Auslegungsspielraum, der mit der Handhabung vieler gesetzlicher Vorschriften verbunden ist. Man kann davon ausgehen, daß ein Kontrahent, der, in welcher Form auch immer, durch das Verfahren der Normbindung unter Druck gesetzt wird, den Interpretationsspielraum der geschriebenen oder tradierten Norm optimal zu seinen Gunsten ausnutzen wird.

Konfliktregulierung durch Vermitteln, Richten und Anordnen

Mit Recht ist der Vermittlung ein hoher Stellenwert bei der Konfliktregulierung zugesprochen worden, zumal die vermittelnde Person darum bemüht sein muß, allen streitenden Parteien Rechnung zu tragen und deren spezielle Bedürfnisse zu erhören. Unter den drei genannten Formen der Konfliktregulierung könnte die Vermittlung einen Konflikt am ehesten in dem Sinne „lösen", daß die streitenden Parteien sich nicht durch den Vermittlungsspruch „überfahren" fühlen, da vorher versucht worden ist, verschiedene Lösungsvorschläge auf die unterschiedlichen Vorstellungen und Bedürfnisse der Kontrahenten abzustimmen. Gerade diese Abstimmungsbemühungen machen die Rationalität der Konfliktregulierung aus. Torstein Eckhoff hat die Rollen des Vermittelnden, Richtenden und Anordnenden idealtypisch beschrieben (1967, 243ff.). Für Eckhoff bedeutet Vermitteln die Einflußnahme auf die Parteien, zu einer Einigung zu gelangen, indem an ihre eigenen Interessen appelliert wird. Mit Recht betont Eckhoff in seiner überzeugenden Analyse, daß beide Parteien Vertrauen zu dem Vermittelnden haben und gewillt sind, mit ihm zusammenzuarbeiten und auf seinen Rat zu hören. Daher ist es wichtig, daß er für unparteiisch gehalten wird. Fragwürdig wird Eckhoffs Darstellung durch die Bemerkung: Wenn die Voraussetzungen gegeben sind, einen Konflikt durch Richterspruch oder Anordnung zu lösen, so werden dies in der Regel wirksamere Verfahren sein als das Vermitteln. Hier würde „wirksamer" bedeuten: Wenn die Konfliktregelung durch mit staatlicher Autorität ausgestattete Beamte „getroffen" wird, liegt ein gewisses Maß von Machtausübung zuungunsten einer Konfliktregulierung auf der Ebene des Einverständnishandelns und damit ein geringerer Grad an Rationalität in dem hier gemeinten Sinne vor. Damit wird zugleich deutlich, daß der sich am gesatzten Recht orientierende Richterspruch eher schon in die Lage versetzt wird, auf Machtausübung nicht verzichten zu können. Der Richtende orientiert sein Handeln an den tradierten Normen. Indem er sich auf das tradierte Recht beruft, entlastet er zugleich seine persönliche Verantwortlichkeit der Tendenz nach. Daß das richterliche Urteil durch außerrechtliche Bedingungen mitgeprägt wird, hat Wassermann in einer Studie über die Soziologie des Gerichtsverfahrens (1970) gezeigt, z. B. durch formelle oder informelle Einflüsse aus der Kollegenschaft, aus der Familie oder von Freunden und Bekannten. Auch Interessenverbände, Presse und andere Massenkommunikationsmittel und die obere Mittelschicht als vorherrschende Bezugsgruppe der Richter wirken unangesprochen in den Richterspruch hinein. Soweit diese Feststellungen Wassermanns der Wirklichkeit entsprechen, werden die Schwierigkeiten sichtbar, die Richterinnen und Richter zu bewältigen haben, wenn sie sich um objektive Urteilsfindungen bemühen. Richterinnen und Richter stehen bei jeder Urteilsbildung vor der Aufgabe, eine „phänomenologische Reduktion" in dem Sinne zu vollziehen, daß sie von zufälligen Alltagseinwirkungen, schichtspezifischen Eingenommenheiten und überholten Traditionen abstrahieren. Die richterliche Zuweisung von Schuldhaftigkeit oder doch Verantwortlichkeit durch Definitionsprozesse muß bei jeder Urteilsbildung die Problemzone durchlaufen, die sich um das normabweichende Handeln herum aufgebaut hat und die von Fall zu Fall so unterschiedlich ist wie die Individuen, die sich als „individuelle Substanzen" (Leibniz) voneinander unterscheiden. Diese Andeutungen sollen deutlich werden lassen, wie schwer es ist, durch staatsanwältliche und richterliche Entscheidungen Konflikte zu „lösen", die durch Verletzungen der Kollektivgefühle (Durkheim) entstanden sind. Ein Richterspruch kommt einer akzeptablen Lösung oder Regulierung des Konflikts am nächsten, wenn das Urteil vom Verurteilten „angenommen" wird und es gelingt, die vorübergehende Destabilisierung der personalen Identität des Verurteilten durch Restabilisierung aufzuheben.

Nach der Auffassung Eckhoffs hat der Anordnende mit dem Richtenden gemeinsam, daß er entscheidet, wie der Konflikt gelöst werden soll. Seine Lösungsanordnung ist allerdings innovativ. Er kann bestehenden normativen Positionen eine gewisse Berücksichtigung zukommen lassen. Sein wichtigstes Interesse gilt aber der Gestaltung der Rechte und Pflichten für die Zukunft. Eckhoff meint, daß in dieser Hinsicht der Anordnende mit dem Vermittelnden mehr Gemeinsamkeiten hat als mit dem Richtenden.

Letztlich sind die drei Prozesse des Vermittelns, Richtens und Anordnens aus dem jeweiligen Normengefüge des übergreifenden sozialen Systems heraus zu erklären. Der Grad der Perfektion der Konfliktregulierung steht in Verbindung mit dem Grad der allgemeinen Anerkennung der Rechtmäßigkeit des Normengefüges.

Die konfliktregulierende Gruppendiskussion

Die konfliktregulierende Gruppendiskussion kann spontan oder arrangiert sein. Sie kann auch die Form der Verhandlung, z. B. über Fragen der Abrüstung oder über die Form der Aufteilung eines vererbten Vermögens, einnehmen (vgl. S. 25). Die Gruppendiskussion ist konfliktär, wenn sie einen Konflikt enthält oder mit Konflikten angereichert ist. Sie ist konfliktiv, wenn sie Konflikte erzeugt. Die hier gemeinte konfliktregulierende Gruppendiskussion unterscheidet sich von der soziologischen Methode der Gruppendiskussion (vgl. z. B. Mangold 1967, 209 ff.) dadurch, daß sie in vielen Fällen heterogen und nicht möglichst homogen zusammengesetzt ist, z. B. aus

Exponenten unterschiedlicher politischer Parteien, die am Wahlabend die Wahlergebnisse interpretieren und dabei auch die Unterschiedlichkeit der Wertpositionen hervorheben. In diesem Fall kann man von einer konfliktären Gruppendiskussion sprechen, da sich in einer derartigen, die Lage abklärenden kontroversen Gesprächssituation der politisch-kulturelle Konflikt mehr oder weniger zirkulär reproduziert, so daß man die Struktur dieses langfristigen Konflikts unter den Parteien als ein auf Dauer angelegtes konfliktäres Subsystem bezeichnen kann. Konfliktregulierende Gruppendiskussionen können mittelfristig sein, etwa im Falle eines sich über ein Jahr hinziehenden Streits unterschiedlich denkender Bürger über die Anschaffung oder Nicht-Anschaffung eines neuen Feuerwehrwagens in einer kleineren Gemeinde. Der Streit setzt sich über eine überschaubare Zeit hinweg von Sitzung zu Sitzung formeller oder informeller Art fort und hält die Kontrahenten durch das Interesse an der Lösung des Problems zusammen. Die Möglichkeit zu sozialkreativer Gestaltung des Konflikts ist durch die Einbringung neuer Argumente gegeben. Ferner gibt es kurzfristige konfliktregulierende Gruppengespräche, z. B. in Form der Kontroverse innerhalb einer kleinen Gruppe von Nachbarn, die sich über Grenzprobleme streiten und in einer einzigen Diskussion zu einer Regulierung des Problems kommen.

Konfliktregulierende Gruppendiskussionen können mehr oder weniger sachbezogen sein: Man streitet sich über Grenzen, Überwegungsrechte, nicht eingehaltene Abmachungen usw. Sie können mehr personbezogen sein insofern, als das eigentliche Angriffsziel die Arroganz eines Interaktionspartners ist, während der verbal ausgefochtene Streit sich auf irgendeinem Nebenkriegsschauplatz abspielt. Die Flexibilität der beteiligten Personen und Teilgruppen hängt von verschiedenen Faktoren ab. Hochgradig flexibel kann sich ein Kontrahent geben, wenn er in der Lage ist, dem Konfliktgegenstand nicht allzu viel Gewicht beizumessen oder wenn er seine Bedürfnisse durch funktionale Äquivalente befriedigen kann. Wenn es sich um eine Gruppe handelt, deren Teilnehmer man mit großer Hochachtung ansieht, wird man weniger geneigt sein, sich in stereotype Argumente zu verrennen. Die Flexibilität im Gruppenhandeln hängt auch von dem jeweiligen Grad des Vertrauens den anderen Beteiligten gegenüber ab. Im Falle der Dauerhaftigkeit der Konfliktsituation müssen sich die Kontrahenten ständig darauf gefaßt machen, daß neue Bedingungen, Zufälle, Entdeckungen, Tatbestände den Fortgang des Disputs mitbestimmen und Spuren hinterlassen (doppelte Kontingenz). Man kann davon ausgehen, daß verschiedene Wenn-Dann-Situationen den Konfliktablauf in der Gruppe begleiten: „Wenn Herr M. nachgibt, dann kann doch gar kein Zweifel mehr daran bestehen, daß er bisher im Unrecht gewesen ist." Durch derartige konditionale Handlungsmechanismen wird die Konfliktdynamik eher verfestigt als flexibilisiert. Zur Stereotypisierung der Konfliktlage tragen auch autoritätsgebundene Verhaltensformen bei: „Wenn ich mich gerade jetzt zu einem Kompromiß entschließe, muß ich damit rechnen, daß ich vollends in dieser Gruppe das Gesicht verliere." Derartige Behinderungen der Konfliktdynamik gehören in das Alltagsleben und erschweren den Weg zum rationalen Handeln, z. B. auch dann, wenn in einer Familie der Konflikt zirkuläre Handlungsabläufe gefunden hat und die erstarrten Fronten dringend eines Aufbruchs bedürfen durch Interventionen gleich welcher Art. In solchen Fällen werden zugleich die Grenzen der Möglichkeiten zur Regulierung der Konflikte sichtbar.

In der konfliktregulierenden Gruppendiskussion finden die üblichen Strategien und Taktiken der angestrebten Neufestsetzung der Grenzpfähle Anwendung: Machtausübung, Berufung auf Gewohnheiten, Gesetze, frühere Äußerungen usw. Da die Beteiligten sich verhältnismäßig gut kennen, gewinnt die Taktik der Ausnutzung der Achillesverse eines Kontrahenten besondere Bedeutung: Man weiß schon zu Beginn des Disputs, wo die schwachen Stellen des Widersachers zu finden und zu treffen sind. Doch die Ausnutzung solcher Möglichkeiten der Zielorientierung findet ihre Grenzen dort, wo die Gefahr wächst, daß man als unfair abqualifiziert wird. Nicht nur die erfolgreiche Argumentation, sondern auch der Fehltritt in Richtung auf weniger respektables Handeln vermag Neubalancierungen einzuleiten. Gerade der Konflikt hat die Chance, Gleichgewichtsverschiebungen herbeizuführen, da sich im Laufe der Gruppendiskussionen Koalitionsbildungen ergeben können, die einzelne Mitglieder der Gruppe hart in Bedrängnis zu bringen vermögen, so daß Statusveränderungen die Folge sein können.

9. Kapitel

Dialektische Impulse im Bereich des konfliktregulierenden Dialogs

Dialektik ist der Versuch der Wahrheitsfindung durch Dialoge. Zum Dialog gehören mindestens zwei Gesprächspartner oder -gruppen. Dialektik geht von der Grundvoraussetzung aus, daß alles Bestimmte und Konkrete unterschiedlich ist. Dialektische Kommunikation bedeutet den Austausch von unterschiedlichen Auffassungen durch den Dialog. Das Gespräch verläuft durch die Ebene, die sich zwischen den Sprechenden befindet, „hindurch". Dia bedeutet hindurch. Der Dialog bewegt sich von dem einen Punkt zu dem anderen Punkt hin. Somit sind mindestens zwei Pole der Auseinandersetzung erforderlich. Folglich ist die idealtypische Dialektik bipolar: Der Rezipient widerspricht dem Kommunikator. Dieser verarbeitet den Widerspruch, der aus dem dialektischen Denksystem nicht wegzudenken ist. Der Widerspruch ist ein zentrales Konstruktionsmittel der Dialektik. In ihm kommt soziokulturelle Dynamik zum Ausdruck. Dialektik ist durch das Werden als das eigentlich Lebendige bestimmt. Daher ist es notwendig, daß das Gespräch sich im Vollzug des Auffassungsaustausches aus der bipolaren Konstruktion herausbewegt, um nicht in ihr zu erstarren. Die Polarität im Sinne des Widerspruchs bedarf einer beständigen Überwindung, um der Erstarrung und Dogmatik zu entkommen. Die im Widerspruch liegende Negation führt über das Bestehende hinaus und ist das zentrale Instrument, die kulturelle Gegenwartssituation in die allgemeine gesellschaftliche Dynamik hineinzuführen.

Platons Dialog Theaitetos als Beispiel für die dialektische Auseinandersetzung zwischen unterschiedlichen erkenntnistheoretischen Vorstellungen

Das von Sokrates genannte Thema der Untersuchung heißt: Was ist Erkenntnis? Theaitetos als der Jüngere befindet sich in der Rolle des

Lernenden. Er nennt als Erkenntnisse die Meßkunst und andere Künste, die Schuhmacherkunst und die übrigen Künste der Handwerker. Der Lehrmeister Sokrates weist die Antwort zum Teil zurück: „Gar offen und freigebig, Lieber, gibst du mir, um *eines* gefragt, Vielerlei und Mannigfaltiges statt des Einfachen" (Platon 1958, 110). Sokrates führt damit eine besondere Form des Widersprechens und des Widerspruchs aus. Der Gegensatz, der zwischen den Auffassungen beider Dialogpartner besteht, besagt, daß Sokrates auf die Erkenntnis als solche abzielt, für die er eine einheitliche Definition haben will, während Theaitetos mehrere Erkenntnisse in Form handwerklicher Fertigkeiten aneinanderreiht, ohne eine zusammenfassende Begriffsdefinition zu leisten. Der hier aufgezeigte Widerspruch, mit dem der Dialog beginnt, bedarf im weiteren Verfolg der Abhandlung der ständigen kritischen Bearbeitung. Wichtig ist in diesem pädagogischen Zusammenhang, daß die kontinuierliche Auflösung des Gegensatzes der Auffassungen im Dialog angelegt ist. Der Wissensvorsprung des Meisters ist ständig im Abbau begriffen, da dieser den lernenden Dialogpartner zu einem Endergebnis führt, von dem er von vornherein weiß, daß es von der anderen Seite akzeptiert werden wird. Diese von Männern geleistete Hebammenkunst ist die Sokratische Methode der Erkenntnisgewinnung.

Theaitetos probiert eine weitere Antwort auf die Frage nach der Erkenntnis: „Mir scheint also, wer etwas erkennt, dasjenige wahrzunehmen, was er erkennt; und wie es mir jetzt erscheint, ist Erkenntnis nichts anderes als Wahrnehmung" (Platon 1958, 116). Sokrates widerspricht: „Denn wenn einem jeden wahr sein soll, was er mittels der Wahrnehmung vorstellt, und weder einer den Zustand des anderen besser beurteilen kann, noch auch die Vorstellung des anderen der andere vermögender ist in Erwägung zu ziehen, ob sie wahr oder falsch ist, sondern wenn . . . jeder nur sein Eigenes für sich vorstellt und dieses alles richtig und wahr ist: wie soll denn wohl, o Freund, nur Protagoras weise sein . . ." (a. a. O., 127). Sokrates zweifelt an der Methode, daß jeder auf seine je eigene Weise den Gegenstand wahrnimmt und auf diesem Weg zur Erkenntnis gelangt: „Denn gegenseitig einer des anderen Vorstellungen und Meinungen in Betracht ziehen und zu widerlegen suchen, wenn sie doch alle richtig sind, ist das nicht eine langweilige und überlaute Kinderei, wenn anders die Wahrheit des Protagoras wirklich wahr ist . . ." (ebenda). Damit widerlegt Sokrates vollends die zweite These des Theaitetos, daß Erkenntnis Wahrnehmung sei. Der Widerspruch geht vom Lehrmeister aus, der den Jüngeren mit Hilfe vorsichtig formulierter Widersprüche zu der von ihm selbst intendierten erkenntnistheoretischen Linie führt. Diese Linie besagt hier: Erkenntnis ist nicht Wahrnehmung. Erkenntnisgewinnung verläuft auf dem Wege der dialektischen Negation, die auch bei Hegel von Bedeutung ist.

Die dritte Antwort des Theaitetos auf die leitende Frage lautet: „Es mag wohl die richtige Vorstellung Erkenntnis sein . . ." (a. a. O., 154). Auch dieser Versuch wird widerlegt, weil nicht überzeugend gezeigt werden kann, was in Abgrenzung von der richtigen Vorstellung die falsche Vorstellung ist.

Theaitetos wagt eine vierte Antwort auf die Frage nach der Erkenntnis: Diese ist die mit der richtigen Vorstellung verbundene Erklärung. Am Ende des Dialogs scheitert auch die vierte Antwort, da eine geeignete Definition der Erklärung nicht gefunden werden kann. Sokrates faßt die geleistete negative Eingrenzungsarbeit der Dialogpartner zusammen: „Weder also die Wahrnehmung, o Theaitetos, noch die richtige Vorstellung, noch die mit der richtigen Vorstellung verbundene Erklärung kann Erkenntnis sein" (a. a. O., 180).

Zur Interpretation der klassischen Methode der erkenntnistheoretischen Konfliktregulierung: Das Ertragen der ständigen Widersprüche hat keine negativen psychologischen Auswirkungen auf Theaitetos. Es ist zu vermuten, daß die konstruierte Gegensätzlichkeit der Lehrmeinungen, die immer wieder durch rationale Argumentation aufgehoben wird, unter anderem auch ein rhetorisches Mittel ist, um die einsame Größe des Sokrates zu dokumentieren. Der „Theaitetos" ist deswegen ein konfliktregulierender Dialog, weil der Widerspruch als zentrales Merkmal dieser Kommunikationsform eine dominante Rolle spielt. Sokrates' jeweiliger Widerspruch gegen die Argumente des Jüngeren negiert diese nur zum Teil, so daß der Lernende zu erneutem Nachsinnen gezwungen wird und zu neuen Ergebnissen gelangt. Die Platonische Dialektik erweist sich als personal- und sozialproduktive Negation, die der Weiterentwicklung soziokultureller Verhältnisse dient: „. . . denn niemals ist eigentlich irgend etwas, sondern immer nur *wird* es" (Platon 1958, 117).

In der heutigen Situation können Fragen durchaus Kommunikationsbarrieren darstellen, vor allem dann, wenn sie inquisitorischen Charakter annehmen. Daher ist in vielen Fällen die Beschränkung auf den Widerspruch gegenüber anderen Auffassungen, Lehrmeinungen, Wertpositionen usw. zweckdienlich, wenn der Widerspruch die Entwicklung voranbringen soll. Ein negativistischer Widerspruch in der Absicht, dem Widersacher zu schaden oder ihn zu Fall zu bringen, liegt nicht auf der theoretischen Linie der Platonischen Dialektik. Diese ist auf die konstruktive Fortsetzung des Dialogs angelegt. Der letzte Satz des Dialogs heißt: „Morgen aber, Theaitetos, wollen wir uns wieder hier treffen." Klassische Dialektik bedeutet personal- und sozialproduktives Fortsetzen der laufenden, mit Widersprüchen operierenden Argumentation mit dem Risiko des Versuchs und Irrtums in der Absicht, den Dialog fortzusetzen und vorhandene Gegensätze oder Wissensmängel auszugleichen oder zu vermitteln. Dialektik ist rationale Vermittlung von Auffassungsunterschieden ohne die Illusion, noch heute zu einem übereinstimmenden Ergebnis zu gelangen. Die Negation ist konstruktiv und kreativ; denn die Meinung des Gegners oder Gesprächspartners wird keineswegs mit aggressiven Impulsen zerschlagen. Vielmehr werden bestimmte Inhalte der widerlegten Thesen in die weitere Diskussion aufgenommen: Die Wahrnehmung ist nicht mit der Erkenntnis kongruent. Aber damit ist nicht gesagt, daß sie aus der Definition des Erkenntnisbegriffes völlig ausgeklammert ist. Wie sollte denn wohl eine mit Erklärung verbundene richtige Vorstellung ohne jegliche Wahrnehmung möglich sein? Dialektik im hier gemeinten Sinne ist ferner Differenzierung und Präzisierung einer dargebotenen These. Die These, Erkenntnis sei richtige Vorstellung, wird vom Lehrmeister nicht negiert, sondern lediglich präzisiert: Die richtige Vorstellung muß mit Erklärungen verbunden sein. Dialektik ist auf Weiterführung des Dialogs angelegt in der Absicht, am Konflikt meliorativ zu arbeiten. Die Bearbeitung der Auffassungsunterschiede erfolgt auf dem Wege der kleinen Schritte mit der Bereitschaft, dem anderen zuzuhören. Dabei ist zu berücksichtigen, daß Sokrates weiß, wohin er den Jüngling führen will. Zumindest weiß Sokrates, wohin der Weg des Dialogs nicht gehen soll. Auch dialektische Bemühungen der verbalen Konfliktregulierung spielen sich nicht im herrschaftsfreien Raum ab.

Dialektik in dem von Adorno entwickelten Sinne besagt, daß die Gegenstände in ihrem Begriff nicht aufgehen (Adorno 1966, 15). Der Widerspruch ist Index der Unwahrheit von Identität, des Aufgehens des Begriffenen im Begriff. Für Adorno ist der Widerspruch „das Nichtidentische unter dem Aspekt der Identität". Adorno formuliert: „... der Primat des Widerspruchsprinzips in der Dialektik mißt das Heterogene am Einheitsdenken. Indem es auf seine Grenze prallt, übersteigt es sich. Dialektik ist das konsequente Bewußtsein von Nichtidentität. Sie bezieht nicht vorweg einen Standpunkt" (a. a. O., 15). Das Widersprüchliche erscheint deshalb als widersprüchlich, weil es mit dem Maßstab der Einheit gemessen wird: „Das Differenzierte erscheint solange divergent, dissonant, negativ, wie das Bewußtsein der eigenen Formation nach auf Einheit drängen muß ..." (a. a. O., 15). „Identität und Widerspruch des Denkens sind aneinandergeschweißt" (a. a. O., 16). Daher ist die Totalität des Widerspruchs nichts als die Unwahrheit der totalen Identifikation. Das dialektische Denken vermag gegen sich selbst zu denken, ohne sich preiszugeben (a. a. O., 142). Es ist als philosophische Verfahrensweise der Versuch, mit dem ältesten Medium der Aufklärung, der List, den Knoten der Paradoxie zu entwirren. Das Widersprechende entsteht im Schatten des Identitätsprinzips. „Gerade das unersättliche Identitätsprinzip verewigt den Antagonismus vermöge der Unterdrückung des Widersprechenden. Was nichts toleriert, das nicht wie es selber wäre, hintertreibt die Versöhnung, als welche es sich verkennt. Die Gewalttat des Gleichmachens reproduziert den Widerspruch, den sie ausmerzt" (a. a. O., 144). Dialektik ist nicht eine wissenschaftliche Methode, weil die unversöhnte Sache, „der genau jene Identität mangelt, die der Gedanke surrogiert", widerspruchsvoll ist und sich gegen jeglichen Versuch ihrer einstimmigen Deutung sperrt. Dialektik ist auch kein schlicht realer Vorgang in der Geschichte, „denn Widersprüchlichkeit ist eine Reflexionskategorie, die denkende Konfrontation von Begriff und Sache" (a. a. O., 146). Adorno definiert: „Dialektik als Verfahren heißt, um des einmal an der Sache erfahrenen Widerspruches willen und gegen ihn in Widersprüchen zu denken. Widerspruch in der Realität, ist sie Widerspruch gegen diese" (a. a. O., 146). Weiter heißt es: „Ihre Bewegung tendiert nicht auf die Identität in der Differenz jeglichen Gegenstandes von seinem Begriff; eher beargwöhnt sie Identisches. Ihre Logik ist eine des Zerfalls: der zugerüsteten und vergegenständlichten Gestalt der Begriffe, die zunächst das erkennende Subjekt unmittelbar sich gegenüber hat. Deren Identität mit dem Subjekt ist die Unwahrheit" (a. a. O., 146). Adornos Begriff der Dialektik trägt bei zur Entmythologisierung der Positivität „bis in die instrumentale Vernunft hinein, welche Entmythologisierung besorgt". Negative Dialektik trägt bei zur Aufhebung der Diffamierung des Nichtidentischen: „Das Subjekt muß am Nichtidentischen wiedergutmachen, was es daran verübt hat. Dadurch gerade wird es frei vom Schein seines absoluten Fürsichseins" (a. a. O., 147). Adorno exemplifiziert den Vorgang des (undialektischen) Identifizierens am Tauschprinzip. Dieses ist als Reduktion menschlicher Arbeit auf den abstrakten Allgemeinbegriff der durchschnittlichen Arbeitszeit urverwandt mit dem Identifikationsprinzip. Durch das Tauschprinzip werden nichtidentische Einzelwesen und Leistungen kommensurabel, identisch. Identität ist für Adorno die Urform von Ideologie: „Sie wird als Adäquanz an die darin unterdrückte Sache genossen; Adäquanz war stets auch Unterjochung unter Beherrschungsziele. Insofern wird Identität zur Instanz einer Anpassungslehre. Der Fehler des traditionellen Denkens besteht darin, daß es die Identität für sein Ziel hält. Das Identitätsdenken entfernt sich von der Identität seines Gegenstandes um so weiter, je rücksichtsloser es ihm auf den Leib rückt" (a. a. O., 150). Adorno bezieht sich auf Hegel: „Dialektische Erkenntnis hat nicht . . . von oben her Widersprüche zu konstruieren und durch ihre Auflösung weiterzuschreiten, obwohl Hegels Logik zuweilen derart prozediert. Statt dessen ist es an ihr, der Inadäquanz von Gedanke und Sache nachzugehen; sie an der Sache zu erfahren" (a. a. O., 154). Dialektik im Sinne Adornos zielt nicht auf Einheit und Identität. Vielmehr geht Dialektik aufs Verschiedene. Da das Seiende nicht unmittelbar, sondern nur durch den Begriff hindurch ist, wäre beim Begriff anzuheben, nicht bei der bloßen Gegebenheit. „Dialektik läuft, ihrer subjektiven Seite nach, darauf hinaus, so zu denken, daß nicht länger die Form des Denkens seine Gegenstände zu unveränderlichen, sich selber gleichbleibenden macht; daß sie das seien, widerlegt Erfahrung" (a. a. O., 155). Dialektik bedeutet objektiv, „den Identitätszwang durch die in ihm aufgespeicherte, in seinen Vergegenständlichungen geronnene Energie zu brechen" (a. a. O., 157). Der Begriff erfährt sich als mit sich selbst unidentisch. Als solcher führt er, nicht länger bloß er selber, auf sein nach Hegelscher Terminologie Anderes, ohne es aufzusaugen. Adorno gibt sich nicht als parteiisch für die Einheit, wie das in der gesamten Tradition, bei Platon, Kant und Hegel, der Fall gewesen ist (a. a. O., 158).

Adorno richtet seine grundlegende Kritik gegen den überlieferten Subjektivismus, daß das Subjekt im Vollzug der transzendentalen Apperzeption die Vielgestaltigkeit der Gegebenheiten der Wirklichkeit als Denken an sich zur Einheit des Begriffs bringt: „Identitätsdenken ist . . . subjektivistisch" (a. a. O., 182). Das Subjekt wird als späte und dennoch der ältesten gleiche Gestalt des Mythos gesehen. Jedoch wird Dialektik durch den Übergang zum Vorrang des Objekts materialistisch (a. a. O., 191). Und Materialismus ist schon in der materialistischen Mythologie Epikureischen Stils Abbildlehre, „die erfindet, die Materie sende Bildchen aus . . ." (a. a. O., 203). Für die Adornosche Dialektik ist der Gedanke kein Abbild der Sache: „Dialektik ist in den Sachen, aber wäre nicht ohne das Bewußtsein, das sie reflektiert; so wenig, wie sie in es sich verflüchtigen läßt. In einer schlechthin Einen, unterschiedslosen, totalen Materie wäre keine Dialektik" (a. a. O., 203). Der Materialismus fesselt weiter das Bewußtsein, anstatt es zu begreifen und seinerseits zu verändern. „Materialismus wird zum Rückfall in die Barbarei, den er verhindern sollte; dem entgegenzuarbeiten ist nicht die gleichgültigste unter den Aufgaben einer kritischen Theorie" (a. a. O., 203). Adornos Ansatz ist weder idealistisch im Sinne Hegels, an dem er sich geschult hat, noch materialistisch; denn abbildendes Denken wäre reflexionslos, „ein undialektischer Widerspruch; ohne Reflexion keine Theorie" (a. a. O., 204).

Zur Interpretation: Die negative Dialektik Adornos ist Widerspruch gegen die These, daß die Gegenstände mit ihrem Begriff eine Einheit bilden und damit identisch sind. Dialektik ist daher das konsequente Bewußtsein von Nichtidentität. Widerspruch wird erhoben gegen den allgegenwärtigen Maßstab der Einheit, mit dem das Widersprüchliche gemessen wird und zwangsläufig als Widersprüchliches erscheint. Das Widersprechende entsteht folglich im Schatten des Identitätsprinzips. Das Identitätsprinzip stigmatisiert das Widersprechende und unterdrückt es. Auf diese Weise verewigt es gerade den Antagonismus. Das Identitätsprinzip hintertreibt die Versöhnung des Widersprüchlichen, denn es toleriert nichts, was nicht wie es selbst ist. Das identifizierende Gleichmachen wird als Gewalttat definiert, durch die der Widerspruch reproduziert wird, statt ausgemerzt zu werden. Die Dinge sind unversöhnt und widersprüchlich wie bei Hegel. Wenn man den Widerspruch an der Sache erfährt und sie als widersprüchlich definiert, so besteht Dialektik darin, daß man um dieses Widerspruches willen eben gegen diesen Widerspruch in Widersprüchen denkt, also nicht mit dem Maßstab der Einheit, sondern mit demjenigen des Widerspruchs. Identität wird eher beargwöhnt als intendiert. Die negative Dialektik ist eine Logik des Zerfalls. Gemeint ist der Zerfall der Zurüstung der bestehenden Begriffe. Negative Dialektik erweist sich als kritische Arbeit am zugerüsteten Begriff. Das Ergebnis der widersprechenden Arbeit an den widersprüchlichen Dingen ist nicht eine neue, höhere Einheit oder Identität wie bei Hegel, sondern Entmythologisierung der Positivität der instrumentalen Vernunft und der von ihr geschaffenen Begriffe. Da das Nichtidentische nicht in eine höhere Einheit im Sinne einer vollendeten Selbständigkeit wie bei Hegel angehoben und aufgehoben wird, erfährt es eine wissenschaftstheoretische Aufwertung, eine Verselbständigung anderer Art. Negative Dialektik bedeutet die Aufwertung des Unterschiedlichen und Verschiedenen. Durch diese Aufwertung steht das Unterschiedene nicht ständig unter dem Zwang, unter irgendeine Einheit subsumiert werden zu müssen. Das Verschiedene ist die Ziellinie der negativen Dialektik. So bricht Dialektik den Identitätszwang, dem das Denken über eine sehr lange Zeit verpflichtet war. Negative Dialektik ist Kritik am Einheitsbegriff. Nicht die Einheit ist das oberste Prinzip, sondern die Vielheit in ihrer Verschiedenheit und Unterschiedlichkeit und mit ihren Widersprüchen. Wenn der Mannigfaltigkeit der unterschiedlichen Dinge und Subjekte der Vorrang eingeräumt wird, wird sie materialistisch. Wenn die Reflexionsarbeit des Subjekts ganz zurücktritt und die Wahrheit bloß in den Abbildern der Gegenstände gesehen wird, ist die Identität zwischen Gegenstand und Abbild erreicht, damit aber auch der Zustand der Unwahrheit, der in der Identität steckt. Wenn die Nichtidentität den Vorrang vor der Identität erhält, muß sie auch auf den Vorgang der Reflexion bezogen werden. Insofern kehrt auch die negative Dialektik auf den Ausgangspunkt zurück, nämlich auf die Nichtidentität von Gegenstand und Begriff.

Leitsätze für die Konfliktregulierung durch Dialoge:
Aus Adornos Begriff und Theorie der negativen Dialektik ergeben sich verschiedene Folgerungen für die Theorie und Praxis von konfliktregulierenden Dialogen:

1. In der antagonistischen Diskussion muß man davon ausgehen, daß z. B. Theorie und Praxis der Familie heute nicht deckungsgleich sind. So bemerkt etwa R. König, daß die Funktion, die der Familie eignet, der Aufbau der sozial-kulturellen Person des Menschen im Rahmen einer kleinen Gruppe ist. Die elementare Gestaltung der menschlichen Person verläuft in zwei Phasen: Soziabilisierung und Sozialisation (König 1978, 71). Diese Theorie der Familie verdient mit Recht große Beachtung. Im Sinne des dialektischen Vorgehens wird nicht übersehen, daß in sehr vielen Fällen die Wirklichkeit der Familie nicht mit deren Theorie übereinstimmt, z. B. dann nicht, wenn das Urvertrauen zwischen Pflegeperson und Kleinkind nicht zustande kommt, so daß im Falle des Hinzutretens einer Psychose die Personalisation des Menschen fehlschlägt und eine Anstaltskarriere eingegangen werden muß. Dialektik ist konsequentes Bewußtsein von Nichtidentität. Folglich bezieht sich dialektisches Denken auch auf Nichtidentitäten in der Familie und auf Personen, die aus Familien hervorgehen. Nicht jeder Mensch gelangt durch eine Familie hindurch zur Identität. Dementsprechend muß überall im antagonistischen Dialog die Nichtübereinstimmung eines Gegenstandes mit seinem Begriff bedacht werden.
2. Das Widersprüchliche erscheint deshalb widersprüchlich, weil es mit dem Maßstab der Einheit gemessen wird. Derartige begriffliche Einheiten sind die Idealtypen Max Webers. Sie ergeben sich „durch einseitige Steigerung eines oder einiger Gesichtspunkte und durch Zusammenschluß einer Fülle von diffus und diskret, hier mehr, dort weniger, stellenweise gar nicht vorhandenen Einzelerscheinungen, die sich jenen einseitig herausgehobenen Gesichtspunkten fügen, zu einem in sich einheitlichen Gedankengebilde. In seiner begrifflichen Reinheit ist dieses Gedankenbild nirgends in der Wirklichkeit empirisch vorfindbar, es ist eine Utopie . . ." (Weber 1951, 191). Der Idealtypus ist ein „widerspruchsloses Idealbild", zugleich aber ein Nothafen, der von der reif werdenden Wissenschaft überwunden und verlassen werden muß. Wirklichkeit und vereinheitlichender Begriff werden von Weber bewußt nicht identifiziert. Im konfliktregulierenden Dialog ist die Differenz zwischen Begriff im Sinne einer zur Einheit ge-

brachten Mannigfaltigkeit und gegebener Wirklichkeit ständig zu berücksichtigen. Auf diese Weise kann Mißverständnissen vorgebeugt werden. Die dialektische Perspektive macht den großen Spielraum deutlich, wenn es um die Definition von Begriffen geht. Es muß berücksichtigt werden, daß die Begriffe nicht vollgültig den Gegenständen und umgekehrt die Gegenstände nicht vollgültig den Begriffen angepaßt werden können. Es muß bedacht werden, daß z. B. unter Demokratie nicht von allen Diskussionsteilnehmern dasselbe verstanden wird. Folglich darf man nicht davon ausgehen, daß in einer politisch geprägten Diskussion alle Beteiligten dasselbe unter Innenpolitik verstehen, selbst wenn dieser Begriff während der Auseinandersetzung definiert wird.

3. Die negative Dialektik Adornos steht der „Gewalttat des Gleichmachens" der unterschiedenen Gegenstände entgegen. Statt dessen wäre es richtig, das Unterschiedene als Unterschiedenes anzuerkennen und es nicht als der Einheit abträglich zu definieren. Aus dieser Wertposition ergibt sich als Leitfaden für die politisch-kulturelle Auseinandersetzung die Folgerung, die Vielgestaltigkeit der Dinge und Auffassungen nicht in gesetzte Einheiten hineinzwingen zu wollen, sondern ihr Rechnung zu tragen, seien es nun andersartige Anschauungen, religiöse Glaubensorientierungen oder Methoden der praktischen Lebensführung.

4. Die Anwendung der dialektischen Methode Adornos in der verbalen Auseinandersetzung legt nahe, dort, wo man in der vorgegebenen Wirklichkeit Widersprüche erfährt, gegen diese Widersprüche Widerspruch einzulegen. Wenn ein Teilnehmer am Gespräch einen Widerspruch zu sehen glaubt, ist es seine Aufgabe, gegen diesen Widerspruch Widerspruch einzulegen. So kann ein Widerspruch eine Reihe weiterer Widersprüche im Sinne von Widersprechungen zur Folge haben. Undialektisch wäre es, einen latent vorhandenen Widerspruch zu unterdrücken und statt dessen dem Kontrahenten zuzustimmen, zu schweigen oder gar ihm zu schmeicheln.

5. Die Dialektik Adornos ist eine Methode, zugerüstete Begriffe zu Fall zu bringen. Sie ist eine synthetische Arbeit am Zerfall der Gegenständlichkeit vorhandener Begriffe und Theorien, was immer bei diesem Prozeß herauskommt. Sie setzt die Kraft des Aushaltens an der Destruktion vorhandenen Begriffsguts voraus. Diesem Vorgehen werden vor allem solche Diskussionsteilnehmer nicht zustimmen, deren

intellektuelle Konstitution dem harten Anspruch der ständigen Negation nicht gewachsen ist.
6. Man kann Adornos Begriff der negativen Dialektik als Kritik an der systemtheoretischen Methode der Reduktion von Systemkomplexität verstehen, z. B. an dem Identifikationsprinzip des Tausches, mit dem unzählige Gegenstände und Subjekte austauschbar gemacht werden bis hin zum Austausch eines als untauglich befundenen Ehepartners. Für den kritischen Dialog ergibt sich die Maxime: Man kann nicht beliebige Dinge und Subjekte gegeneinander austauschen. Das Tauschprinzip hat entschiedene Grenzen, z. B. dort, wo versucht wird, Waffen gegen Geld oder politischen Einfluß zu tauschen, so daß bestimmte Gruppen durch kriegerische Aktivitäten gefährdet werden, die ohne den besagten Tausch nicht in Gefahr geraten wären.
7. Für Adorno ist das dialektische Verfahren keine materialistisch verstandene Abbildlehre nach dem von Epikur entwickelten Modell. In einer völlig in sich ruhenden, unterschiedslosen, totalen Materie wäre keine dialektische Spannung und Reflexion. Die Begriffe wären identisch mit der Materie des Gegenstandes, bloße Spiegelbilder. Für die dialogische Arbeit an brisanten Begriffen der Ost-West-Auseinandersetzung ergibt sich die aufklärerische Aufgabe, gründlich nachzudenken über arglos hingenommene Begriffe wie „Dialektischer Materialismus" oder „Ideologie".

Vergleichende Betrachtung dialektischer Methoden der Konfliktregulierung

Die Rationalität der dialektischen Methoden der Konfliktregulierung besteht im kritischen Impuls und der Negation gegenüber Einheiten und Systemen, ferner der Entzauberung der Welt hinsichtlich des Glaubens, man könne ein für allemal bleibende Wahrheiten konstituieren. Der Widerspruch als methodisches Mittel ist die zentrale Kommunikationsform.
Bei Platon dient der ständige Widerspruch gegen die Thesen des Gesprächspartners als Instrument der Neu-Definition der Begriffe. Dialektik bei Platon zielt auf die mit der Anstrengung des Begriffs verbundene Vermittlung von Auffassungsunterschieden und Gegensätzen. Dialektik ist konstruktive Definitionsarbeit am vorhandenen

Begriff. Sie verweist auf die Methode der modernen Lerntheorie der kleinen Schritte. Dieser Ansatz verzichtet auf die Einbeziehung sozialer Funktionen und Strukturen in den rationalen Ablauf der Erkenntnisgewinnung. Im Zentrum des Geschehens stehen handelnde Subjekte, die in einem spezifischen Interaktionsgefüge stehen. Die Berührung mit der Sozialpsychologie ist in der Bereitschaft der Dialogpartner zum aktiven Zuhören zu sehen.

Für Adorno liegt die Rationalität der Dialektik im Widerspruch zur Identität von Gegenstand und Begriff. Der Widerspruch richtet sich gegen die Einheit und die Systeme insofern, als sie das Unterschiedene und Nicht-Identische in die Strukturen der Systeme hineinzuzwingen sich bemühen. Es handelt sich um eine negative Systemtheorie, um einen widersprechenden Reflex auf die Allgewalt der totalitären Systeme, die Andersdenkende zu erdrücken drohen oder sie fortjagen; um die theoretische Konsequenz eines beschädigten Lebens als Folge des totalitären Zugriffs auf das wehrlose Individuum, das sich durch Flucht dem Systemzwang entziehen muß. Insofern hat die negative Dialektik eine wichtige Funktion im Aufweisen der Grenzen, die soziale Systeme ziehen und einhalten müssen, um die Freiräume für individuelles Leben zu sichern. Negative Dialektik muß sich den Widerspruch gefallen lassen, daß die Theorie sozialer Systeme Konstruktionen errichtet, die die Strukturen von Betrieben und Organisationen überhaupt durchsichtig machen und damit die Arbeit an und in den Systemen rational durchdringen.

10. Kapitel

Interaktionistische und alltagstheoretische Komponenten des konfliktregulierenden Dialogs

Für den *Symbolischen Interaktionismus* handeln die Menschen im Blick auf die Bedeutungen, die den Dingen im Interaktionsprozeß beigemessen werden. Diese Bedeutungen sind jeweils Resultat der sich im Ablauf der Zeit wandelnden Interaktionsprozesse. Sie sind Produkte und Schöpfungen, „die in den und durch die definierenden Aktivitäten miteinander interagierender Personen hervorgebracht werden" (Blumer 1973, 83f.). Interaktionen sind Handlungen. Daher muß das Bild menschlicher Gesellschaft als Handlung Ausgangspunkt und Ziel des theoretischen Entwurfs sein. Die handlungstheoretische Komponente dieses Entwurfs besagt: Menschliche Gesellschaft besteht aus Personen, die sich an Handlungen beteiligen. Blumer bemerkt: „Die Aktivitäten der Mitglieder erfolgen vorwiegend in Reaktion oder in bezug aufeinander" (a. a. O., 86). Die soziale Interaktion als zentrale Formel dieser Theorie ist ein Prozeß, der menschliches Verhalten formt. Daher müssen Menschen, die miteinander interagieren, darauf achten, was der jeweils andere tut oder tun will. Insofern treten die Aktivitäten anderer als positive Faktoren in die Entwicklung des eigenen Verhaltens ein. Man hat seine Handlung mit den Handlungen anderer zu koordinieren. Das menschliche Zusammenleben auf der Ebene der symbolischen Interaktion ist ein unermeßlicher Prozeß, in dem die Menschen die Gegenstände ihrer Welt bilden, stützen und abändern, indem sie Objekten Bedeutungen zuschreiben. Der Mensch muß mit Situationen fertig werden, in denen er gezwungen ist, eine Handlung zu vollbringen, indem er sich der Bedeutung der Handlungen anderer versichert und seinen eigenen Handlungsplan auf eine derartige Interpretation hin entwirft.

Mit dem Symbolischen Interaktionismus verbindet die *Alltagstheorie* die Feststellung, daß der überwiegende Teil des sozialen Handelns in einer menschlichen Gesellschaft in der Form sich wiederholender Muster gemeinsamen Handelns besteht. Es bilden sich völlig neue Situationen, die problematisch sind und für die bestehende Regeln sich als unzureichend erweisen. Die Alltagstheorie beschäftigt die Frage, wie die Gesellschaft zusammengefügt wird und wie die sozialen Strukturen des Alltagshandelns aussehen (Weingarten/Sack/Schenkein 1979, 9ff.). Sie sieht in erster Linie den „generativen" Charakter des Durchführens von Handlungen. Garfinkel entwikkelte die für diese theoretische Orientierung konstitutive methodologische Grundregel, die „Methode der dokumentarischen Interpretation". Sie hat zum Ziel, die einer Erscheinung zugrunde liegenden Muster freizulegen. Der Begriff der Indexikalität beschreibt den Sachverhalt, daß die Erscheinungen Zeichen für dahinter liegende Strukturmuster sind, die es zu kodieren gilt. Philosophischer Hintergrund ist die Tradition der Phänomenologie (Husserl; Schütz).

Interaktions- und alltagstheoretische Impulse für die Konfliktregulierung durch Dialoge

Wie konstruieren sich Konflikte und Konfliktregelungen im Alltag? Die konfliktspezifische Alltagssituation existiert jeweils in einem bestimmten sozialen System in einer bestimmten historischen Epoche, die durch Traditionen und Zukunftshoffnungen geprägt wird. Traditionen und Zukunftserwartungen sind von Ort zu Ort verschieden. Daher ist es wohl auch zu verstehen, daß die Alltagstheorie nicht auf deterministische Perspektiven der herkömmlichen Theorien bezogen ist.

Konflikte lassen sich erklären durch Verstöße gegen die jeweiligen örtlichen und zeitlich bedingten Gewohnheiten und Denkweisen. So kann derjenige aggressive Reaktionen hervorrufen, der sich anders kleidet als die Mehrheit einer gegebenen Bevölkerung oder der einen ungewöhnlichen Schulabschluß aufzuweisen hat, wo also der Neid im Spiel ist. Konträre Dialoge können sich durch den Widerspruch gegen die landläufige Mentalität ergeben, die man durch Formulierungen wie „Das hat alles so sein sollen, da kann man ohnehin nichts machen" kennzeichnen kann. Wer im nachbarschaftlichen Mechanismus des Austausches von Dienstleistungen nicht die Erwartungen erfüllt, deutet den Interaktionsprozeß neu und muß mit Aggressionen rechnen. Vielfach wird in Alltagssituationen die tradierte Weisungsbefugnis der Älteren gegenüber den Jüngeren als bindender Verhaltensmaßstab angesetzt, so daß Verletzungen gegen dieses hierarchische System Konflikte hervorrufen. Auch das sichere Augenmaß für das sich im Interaktionsprozeß ergebende Prestige eines bestimmten Menschen ist ein alltagsspezifisches Strukturmuster, dessen Nichtbeachtung Konflikte zur Folge haben kann. Manche Strukturmuster, die hinter den indexikalischen sprachlichen Formulierungen liegen, lassen sich hinsichtlich des „gemeinten Sinnes" analytisch erschließen. Wenn ein älterer Landwirt z. B. in einer Unterhaltung auf der Straße einem jüngeren Interaktionspartner erklärt, „An dieser Stelle sollte eigentlich ein Gedenkstein für die Gefallenen des letzten Krieges stehen", oder wenn er formuliert, „Hierhin gehört ein Gedenkstein", so enthält diese Aussage das Ergebnis eigener Vorstellungen in Verbindung mit einer normativen Setzung: Wer dieser Vorstellung widerspricht, muß schon ausgezeichnete Argumente vorbringen, wenn er nicht der Mißachtung durch sein Gegenüber anheimfallen will. Dieser Interaktionsmechanismus wirft zugleich ein Licht auf die Entstehung und den Sinn der vielfach im Alltagsleben praktizierten Konfliktvermeidung als Form der Konfliktregulierung. Man kann davon ausgehen, daß sich viele Konflikte des Alltagslebens anders konstruieren würden, wenn die landläufige Methode der Konfliktvermeidung überwunden werden könnte und wenn man den Mut hätte, die anstehenden Dinge im rationalen Dialog zu klären. Zum Alltagshandeln gehört auch die Erwartung, daß der Interaktionspartner eine eigene Reihe von Wohltaten mit Dankbarkeit quittiert. Wenn dieser gegen die Erwartung mit dem Aufweis von bereits erbrachten Gegenleistungen auftritt, kann eine Konfliktsituation entstehen. Die Bereitschaft, sich mit Kontrahenten an einen Tisch zu setzen, ist unterschiedlich ausgeprägt. Durch solche Reaktionen wird die Herstellung von Modellen der verbalen Konfliktregulierung erschwert. Wenn jemand sich weigert, sich mit Kontrahenten an einen Tisch zu setzen, kann dahinter das Interaktionsmuster liegen: „Wenn ich mich mit diesen Leuten an einen Tisch setze, verschenke ich mein Ansehen und vergebe mir etwas." Auch die direkte oder indirekte Drohung ist ein aus dem Alltag nicht wegzudenkender Konfliktregulierungsmechanismus nicht-rationaler Art. Hinter der Drohung steht die Idee, den Gegner gefügig zu machen,

damit er in die eigene Linie der Beilegung des Problems einstimmt. Eine andere Form des Machteinsatzes im Konflikt ist die Beschwichtigung: „Warten Sie nur ab, im Laufe der Zeit wird sich das schon von selber regeln, man wird sich schon an die neue Lage gewöhnen!" Auch diese Form der Konfliktregulierung liegt dem rationalen Dialog diametral gegenüber und trägt eher zum Fortbestand des Konflikts bei als zu dessen akzeptabler Regulierung.
Die pädagogische Bearbeitung derartiger Konflikte und Regelungsstrategien kann neben der Vermittlung theoretischer Durchblicke auf die Folgen der beschriebenen Handlungsweisen gerichtet werden.

Die situationsgerechte Formulierung als strategisches Mittel der Konfliktregulierung

Konfliktdialoge bestehen zu einem erheblichen Teil aus dem Austausch von abwertenden, herabsetzenden Botschaften. In solchen Fällen lassen sich die Kontrahenten mehr von ihren Gefühlen, Ventilationsbedürfnissen und Rachebedürfnissen leiten als von vernunftbestimmten Gesichtspunkten und Erfordernissen. Im politischen Bereich übt das stillschweigend mitlaufende Mentalitätsmuster, „Es dürfte an der Zeit sein, daß ich meinen Gegnern einmal wieder die Meinung sage", eine kontinuierliche Anziehungskraft aus. In kleinen und großen Gruppen führt die Methode des „Abschmetterns" zumindest vorerst mehr oder weniger zum Erfolg. Eine subtile Form der abwertenden Mitteilung ist die Verwendung der kritischen Frage: „Du hast doch wohl nicht schon wieder etwas mit ihm gehabt?". Hier und da verspricht man sich den gewünschten Erfolg von einer disziplinierenden Äußerung: „Ich habe mich nach Ihrem Ruf erkundigt. Das Ergebnis war nicht besonders überzeugend." Die folgende Abstufung von Formulierungen soll veranschaulichen, daß mit bestimmten Formulierungen unterschiedliche Wirkungen verbunden sein können.

Erstes Modell

Sachverhalt: Die Familie W. ist umgezogen. Herr W. hat sich infolge mangelnder Übung beim Anbringen eines Wandbildes den

Daumen mit dem Hammer verletzt. Frau W. ist im allgemeinen nicht so ungeschickt in handwerklichen Angelegenheiten wie ihr Mann. Von daher könnte man verstehen, daß sie wegen der Ungeschicklichkeit ihres Mannes kurzfristig in ein Stadium der aggressiven Erregung geraten ist. Von Interesse ist die hypothetische Beantwortung der Frage: Welche Art von Reaktion ist für den Fortgang der ehelichen Beziehungen zweckdienlich und welche nicht?

Erste Formulierung: „Das sieht dir wieder mal ähnlich, nicht mal mit dem Hammer kannst du umgehen! Und die Tapete ist auch beschädigt!" – Wie wird Herr W. reagieren?
Zweite Formulierung: „Nanu, eine Meisterleistung war das ja nicht gerade. Man muß sich doch mehr Mühe geben, den Nagel genau zu treffen!" – Wie wird Herr W. reagieren?
Dritte Formulierung: „Ach, das tut mir aber leid, nun hast du schon den ganzen Vormittag gearbeitet und dann muß auch das noch passieren! Ich hole schnell ein Pflaster." – Wie wird Herr W. reagieren?

Zweites Modell

Sachverhalt: Frau M. hat soeben eine Kreuzung durchfahren, obwohl die Ampel auf Rot stand. Ihr Mann mag so etwas gar nicht. Er äußert sich zu dem Vorfall.

Erste Formulierung: „Zum Donnerwetter noch mal! Wie oft soll ich dir noch sagen, daß du nicht bei Rot über die Kreuzung fahren sollst! Die Strafanzeige vom vorletzten Jahr reicht mir noch!" – Wie wird Frau M. reagieren?
Zweite Formulierung: „Ich finde das schlimm! Roter geht's nicht! Ich möchte nicht noch mal so viel Geld bezahlen und für Flensburg Minuspunkte sammeln!" – Wie wird Frau M. reagieren?
Dritte Formulierung: „Es war schon rot. In solchen Fällen ist es vielleicht besser, vorsichtig zu sein." – Wie wird Frau M. reagieren?
Vierte Formulierung: „Bei Rot bin ich auch schon manchmal gefahren. Die Polizei kann das gar nicht immer herauskriegen." – Wie wird Frau M. reagieren?

Fünfte Formulierung: „Wir sind über die Kreuzung bei Rot gefahren. Vielleicht hast du das nicht gemerkt. Ich finde, man sollte lieber bei Rot fahren als eine Vollbremsung machen und dabei vielleicht noch Unheil anrichten." – Wie wird Frau M. reagieren?

Drittes Modell

Sachverhalt: Einige Politiker finden im Parlament harte Worte für die gegenläufige Partei, deren ständige Abwertung ihnen offensichtlich als wichtige Aufgabe erscheint.

Erste Formulierung: Meine Damen und Herren von der Regierung! Jedermann kann es sehen: Sie haben abgewirtschaftet! Sie haben schon lange nicht mehr das Vertrauen der Mehrheit der Wähler. Sie sollten sich einige Jahre von der Anstrengung des Regierens erholen!
Zweite Formulierung: Meine Damen und Herren von der Regierung! Die Debatte zeigt mir, daß Ihre Politik bei sehr vielen Wählern nicht mehr ankommt. Prüfen Sie ernsthaft die Frage, ob Sie das nötige Vertrauen in der Bevölkerung besitzen!
Dritte Formulierung: Meine Damen und Herren von der Regierung! Wir können uns mit Ihren Vorschlägen nicht einverstanden erklären, wie unsere Begründung Ihnen zeigen wird. Wir sind der Meinung, daß Sie Ihre Vorschläge in den folgenden Punkten überprüfen und überarbeiten müssen.

Und nun zwei Fragen zum dritten Modell:
1. Warum spielt in der Politik der harte Schlagabtausch eine große Rolle?
2. Warum neigt man in der parlamentarischen Debatte eher zu aggressiven Du-Botschaften als zu begründenden Ich-Botschaften?

Viertes Modell

Sachverhalt: Die Lehrerin Frau A. hat sich über verschiedene Kleinigkeiten geärgert, so daß sich das Aggressionsbedürfnis ein wenig in ihr angestaut hat. Sie hätte verschiedene Möglichkeiten, ihrem Ärger Ausdruck zu geben, z. B.:

Erste Möglichkeit: „Dirk, hör' jetzt endlich auf mit den Albernheiten! Steck' den Spiegel in die Tasche, setz' dich richtig hin und beteilige dich vernünftig am Unterricht!"
Zweite Möglichkeit: „Dirk, ich bitte dich, den Spiegel wegzulegen und dich am Unterricht zu beteiligen."
Dritte Möglichkeit (die Lehrerin sieht Dirk eine Weile konzentriert an): „Alle Schüler hören bitte aufmerksam zu!"
Vierte Möglichkeit: Die Lehrerin geht wortlos zu Dirk und schiebt den Spiegel beiseite.
Fünfte Möglichkeit: Frau A. sagt zornig zu Dirk: „Dein Verhalten in der Schule ist heute schlecht. Ich werde mir das für das Zeugnis merken."

Die Strategie der Konfliktvermeidung

Die Bereitschaft, sich an der Austragung von Konflikten zu beteiligen, ist unterschiedlich. Es hängt vom persönlichen Temperament und von der Ausprägung des Gewohnheitshandelns ab, ob man Konflikten auszuweichen neigt oder nicht. Es kann davon ausgegangen werden, daß ein hoher Grad an Bereitschaft, in die Austragung von Konflikten einzutreten, die Ausprägung der Persönlichkeit fördert. Umgekehrt muß damit gerechnet werden, daß die Konfliktvermeidung kein geeignetes Mittel ist, die Individuation und Personalisation voranzubringen. Daher ist ein auf Konfliktvermeidung angelegtes Gewohnheitshandeln möglicherweise mit der Ansammlung von seelischen Komplexen verbunden, die auf der Ebene geeigneter Kommunikation der Auflösung bedürfen. Die Konfliktvermeidung ist der Tendenz nach dem Rückzugsverhalten zuzuordnen, zumal die übergreifende Gesellschaftsstruktur durch legalisierte (Konkurrenz) und nicht-legalisierte (Schlägerei) Formen des Konflikts gekennzeichnet ist. Wo Konflikte nicht mit rationalen Mitteln ausgetragen werden, die von dem überwiegenden Teil der Bevölkerung anerkannt oder geduldet werden, können die nicht bewältigten Spannungen die Stabilität des sozialen Systems gefährden. Die Konflikt- und Spannungsbewältigung muß daher als notwendiges Übel hingenommen und im Interesse der Erhaltung und Fortentwicklung des Systems ausgetragen werden. Ein soziales System, das ernsthaft an der

Selbsterhaltung eben dieser Organisation interessiert ist, steht beständig vor der Notwendigkeit, ein gewisses Maß an Spannungen auf sich zu nehmen und zu verarbeiten. Soziale Systeme müssen daher ein Minimum an Elastizität aufweisen, wenn sie ihren eigenen Fortbestand nicht durch Erstarrung gefährden wollen. Das Erziehungs- und Verhaltensideal der Konfliktvermeidung würde dieser theoretischen Orientierung entgegenstehen und die Identität des übergreifenden Systems und der einzelnen Person gefährden. Daher ist die Konfliktvermeidung auf den ersten flüchtigen Blick zwar ein tugendhaftes Handeln, bei gründlichem Nachdenken für Person und Gruppe aber mehr schädlich als nützlich.
Die bewußte Vermeidung von Konflikten kann als gezielte Strategie angesehen werden. Sie entspringt dem Bedürfnis (wie immer es auch vermittelt worden ist), Spannungen auszuweichen und nach Möglichkeit zu vermitteln, statt die Gegensätze deutlich zu machen und auszutragen, soweit die allgemeine Wertorientierung im sozialen System eine solche Konfliktaustragung als angemessen ansieht. Die Konfliktvermeidung mag respektablen Motiven entspringen, etwa dem Wunsch, keinen „Streit vom Zaun zu brechen" und kein „Kampfhahn" zu sein.
Die Unterdrückung der latent vorhandenen Spannungen löst im Regelfall nicht das anstehende Problem, sondern schiebt die Lösung vor sich hin.

Die Formulierung ausweichender Antworten als strategische Methode im antagonistisch geprägten Dialog

Eine besondere Form der situationsgerechten Formulierung einer Aussage in antagonistisch bestimmten Dialogen oder Befragungen ist die ausweichende Antwort. Diese Methode der Konfliktregulierung wird überall dort bevorzugt, wo man bei der Beantwortung aggressiver oder herausfordernder Fragen eine kurzgefaßte Festlegung der eigenen Position vermeiden möchte. Es kommt häufig vor, daß Journalisten Politikern harte Fragen vorlegen, die eine Beantwortung mit „ja" oder „nein" suggerieren. Die befragten Personen können oder wollen solche Fragen nicht mit einem einzigen Wort oder Satz beantworten. Meistens ist die Sachlage so kompliziert, daß verschiedene Bedingungen erfüllt werden oder Veränderungen eintreten müssen, wenn eine Frage im politischen Raum eindeutig bejaht oder verneint werden soll. Manchmal wird ausführlich geantwortet oder argumentiert, wenn es auch einfacher oder ganz einfach ginge, weil die argumentierende Person erst einmal den behandelten Vorgang durchdenken muß, bevor sie sich auf eine eindeutige Antwort festlegt. Da dieses Durchdenken nicht immer in eine Phase des nachdenklichen Schweigens verlegt werden kann, wird das „laute Nachdenken" in Form einer ausführlichen Antwort vorgezogen. Die ausführliche Antwort auf eine Frage ist in diesem Fall der gezielte Umweg, durch den die Festlegung der befragten Person erschwert oder verhindert wird. Insofern bedeutet die ausweichende Antwort eine Entlastung. Sie ist als Vermeidung eindeutiger Reduktion von Mannigfaltigkeit zu interpretieren. Zugleich ist sie ein Ausblick auf Möglichkeiten der gezielten Abwehr und Neutralisierung. Einer als antithetisch empfundenen Vorgabe wird eine These gegenübergestellt, die nicht sofort die Bereitschaft signalisiert, vorbehaltlos durch ein „Nein" oder „Ja" auf den Kontrahenten einzugehen mit der Gefahr, sich ihm dadurch möglicherweise „auszuliefern". Die Taktik des ausweichenden Argumentierens ist vor allem im politisch-kulturellen Bereich anzutreffen, aber auch in der privaten Sphäre kleiner Gruppen.

Die Beschwichtigung als Strategie im Streit

Eine uralte und zugleich moderne Methode der Konfliktregelung ist die Beschwichtigung, das Überreden, die Beruhigung des empörten Gegners mit dem Ziel, die Wogen der Erregung zu glätten und den eigenen Willen schließlich durchzusetzen. Dieses Verfahren kann erfolgreich sein, wenn der beschwichtigende Kontrahent das Gefühl der Ruhe und Überlegenheit ausstrahlt und wenn der beschwichtigten Person das Empfinden vermittelt wird, daß ihre Interessen nicht vollends verraten werden, daß man ihr vielmehr mit einer gewissen Rücksichtnahme begegnet. Objektive Voraussetzungen für eine Beschwichtigung sind gegeben, wenn die Möglichkeit der Übervorteilung einer Person durch eine andere ansteht. Die Beschwichtigung ist als verbale Begleiterscheinung der Ausnutzung eines Kontrahenten durch einen anderen anzusehen. Die Bewertung dieser Konfliktlösungsmethode fällt daher negativ in dem Sinne aus, daß der Konflikt durch Beschwichtigungen im Regelfall nicht vollgültig gelöst wird, sondern daß beim Beschwichtigten möglicherweise auf lange Sicht Erinnerungsrückstände verbleiben, die mit Aggressionen verbunden sind. Somit ist die Beschwichtigung eine ausgesprochen unausgewogene Regulierungsmethode des Konflikts, die im günstigen Fall das Problem für eine vorübergehende Zeit so regelt, daß man sich vorerst in die Situation schickt und auf eine spätere, bessere Form der Regulierung hofft.

Machteinsatz als Konfliktstrategie

Die Strategie der Machtausübung im Konflikt findet sich in kleinen Gruppen ebenso wie in großen Organisationen. Man trifft sie z. B. bei Kindern, die ihren Willen durch körperliche Überlegenheit und Gewaltanwendung durchsetzen. Sie wird überall dort angewendet, wo die Kräfte des Verstandes und der Vernunft nicht genügend ausgeprägt und durchsetzungsfähig sind, wie z. B. in vielen früheren Phasen der Geschichte, in denen Gewaltanwendung und Machteinsatz als respektable Werte galten. In der großen Philosophie des Idealismus um das Jahr 1800 herum wird die Phase, in der die Vernunft zu sich selber kommt und die Menschen ihre Verhältnisse mit Freiheit nach den Maßstäben der Vernunft regeln (Hegel, Fichte u. a.), für eine späte zukünftige Phase der Geschichte angesetzt.

Wenn die rationalen Bemühungen um die Durchsetzung der eigenen Person nicht ausreichen, wird häufig auf den Einsatz von Macht in den verschiedenen Spielarten zurückgegriffen. Eine dieser Spielarten besteht darin, daß man im Konfliktgespräch auf dem bisher eingenommenen Standpunkt beharrt. Wenn jemand nicht bereit ist, seinen bisherigen Standpunkt zu verlassen, wenn er nichts Unbilliges fordert und sich innerhalb der Grenzen der Rechtmäßigkeit bewegt, so kann ihm dieses Verhalten nicht zum Vorwurf gemacht werden. Das stereotype Festhalten am bisherigen Standpunkt ist immer dann vertretbar, wenn durch ein solches Verhalten ein als ungerechtfertigt und unbegründet angesehenes Ansinnen zurückgewiesen wird. Das Nachgeben wird auf dieser Verhaltensebene vielfach als Schwäche angesehen, so daß die Befürchtung entsteht, man könnte das Gesicht verlieren. So überzeugend das Beharren auf dem bis dahin eingenommenen Standpunkt sein mag: der dem gesellschaftlichen Leben innewohnenden Dynamik und der von den Philosophen schon im Altertum aufgestellten These, daß alles immer nur *wird,* und nichts *ist*, steht die bezeichnete Konfliktstrategie entgegen. Dialektisch orientiertes Denken bezieht nicht vorweg einen Standpunkt (Adorno 1966, 15). Vielmehr dient es der Versöhnung (a. a. O., 16) und der Vermittlung von Gegensätzen.

Eine andere Spielart des Machteinsatzes besteht darin, daß man den Widersacher „zudeckt". Diese direkte Methode der aktiven Einflußnahme auf den Kontrahenten verfolgt das Ziel, durch schnelle und konstante Abfolge von Argumenten das Gegenüber möglichst wenig zu Wort und zum Überlegen kommen zu lassen. Auf diese Weise werden die Kommunikationsmöglichkeiten des Gegners gewissermaßen beschnitten, da er kaum zu Wort kommen und in Ruhe überlegen und abwehren kann. Für die Entstehung eines derartigen Diskussionsmechanismus bedarf es besonderer Bedingungen, z. B. der Existenz eines temperamentvollen, schnell reagierenden, wortgewandten Redners und auf der anderen Seite eines langsamen, nicht so schnell reagierenden Widersachers, der mühsam nach Worten suchen muß. Wenn dieser Widersacher ein treffsicheres Argument vorgebracht hat, liegt dem schnelleren Gegenüber schon das nächste gezielte Argument auf der Zunge, so daß der schwächere Kontrahent im Verlauf des Dialogs mehr oder weniger zugedeckt und in seinen Abwehrkräften geschwächt wird.

Eine weitere Spielart des Machteinsatzes im Konflikt besteht in der Verwendung schwieriger Begriffe oder sonstiger Symbole, die der Kontrahent nicht versteht. Durch die Verwendung einer hochgradig elaborierten Sprache oder schwer verstehbarer Formeln und Gedanken kann man intellektuell unterlegene Gesprächspartner dazu motivieren, diese Fähigkeit zu bewundern und den eigenen Wünschen zu folgen. Der versteckte Minderwertigkeitskomplex des Widersachers wird erfolgreich für die eigenen Zwecke ausgenutzt. Diese Methode liegt nicht auf der Ebene hier gemeinter Rationalität, Vernunftanwendung und Sittlichkeit. Ethisch annehmbar wäre die Methode, den Kontrahenten mit logischen Mitteln zu überzeugen. Das Aufstellen undurchschaubarer Regeln im Sinne der Verschleie-

rungstaktik ist eine weitere Spielart des Machteinsatzes. Dieser Taktik liegt die Absicht zugrunde, den Fortgang der Verhandlungen in einen diffusen Nebel einzuhüllen, um durch willkürliche Veränderungen und Manipulationen der bisher angewendeten Verhandlungsmethoden Gewinne für die eigene Person oder Gruppe zu erzielen. Die Anwendung dieser Strategie setzt die verminderte intellektuelle Qualifikation der übrigen Diskussionsteilnehmer voraus. Sie zielt in die Gegenrichtung von rationalem Handeln im Sinne der Wertrationalität, die durch die Maßstäbe unserer Kultur geprägt ist.
Auch die Taktik der Verunsicherung des anderen ist eine wenig respektable Spielart des Machteinsatzes im Konflikt. Sie hat positiv-funktionale Aspekte, wenn es als unumgänglich erscheint, die stereotype Auffassung eines Kontrahenten aufzuweichen oder zu berichtigen. Sie ist negativ-funktional, wenn ein Dialogpartner mit schwacher Position durch systematische Verunsicherung eine weitere Schwächung seiner Position hinnehmen muß. Ein rationaler Dialog müßte gerade die Aufhebung von Verunsicherung zum Ziel haben und mit klar durchschaubaren und überprüfbaren Argumenten arbeiten.
Wenn man beim Widersacher Schuldgefühle erzeugt, benutzt man eine besondere Form der Herrschaftsausübung. Die oft am Gesicht ablesbaren Anzeichen der Schuldkomplexe können zu weiteren Belastungsgefühlen gesteigert werden, so daß auf diese Weise der Gegner zumindest für den Ablauf der Auseinandersetzung tendenziell ausgeschaltet wird. Der Gegner wird derart mit Schuld beladen, daß er in Abwehrversuchen mehr oder weniger erfolglos stecken bleibt und in seiner Abwehrkraft geschwächt wird. Als Mittel solcher Schuldbeladung kommen z. B. in Betracht: das systematische Blamieren und Beschämen des Gegenspielers.
Es gibt eine Reihe von Möglichkeiten, den Gegner zu disziplinieren und zu blamieren, z. B. das Ausschimpfen, den Hinweis auf bestimmte verminderte oder sogar verächtliche Qualitäten, auf die angebliche Unreife des anderen, auf seine mangelhafte Bildung usw. Derartige Formen der Disziplinierung deuten auf Machteinsatz, zugleich vermutlich auf die faktische Machtlosigkeit oder Identitätsdiffusion des Disziplinierenden, der nicht in der Lage ist oder nicht gelernt hat, den Konflikt auf einer respektableren Ebene der Auseinandersetzung zu lösen oder doch einzupendeln. Insofern sind die verschiedenen Methoden der Disziplinierung primär ein Ausdruck von

Ohnmacht und mangelnder personaler Identität. Die Verwendung dieser Taktiken kann durchaus Negativreaktionen langfristiger Art bei dem betroffenen und damit geschädigten Widersacher erzeugen. Schon von daher ist die Verwendung der Methoden des Blamierens und Disziplinierens höchst unzweckmäßig, abgesehen davon, daß es sich tendenziell um einen Schritt in die Richtung autoritätsgebundenen Handelns dreht.

Die Drohung als Methode der Konfliktregulierung

Die Drohung als Mittel der Durchsetzung des eigenen Standpunktes ist eine universale Maßnahme, die allgemein im nichtrationalen Spielraum des sozialen Handelns anzusiedeln ist. Die Rechtmäßigkeit einer Drohung steht im Zusammenhang mit der Rechtmäßigkeit der Bedürfnisse, die hinter der Drohung liegen. „Eine Mutter, die jeden bedroht, der den Schlaf ihres schwerkranken Kindes stört, wird mehr Anklang und Respekt finden als eine Frau, die jeden bedroht, der in ihrer Umgebung Lärm macht" (Deutsch 1976, 116). Dieses Beispiel zeigt, daß Drohungen annehmbar oder verzeihlich werden, wenn dringliche Bedürfnisse oder Ansprüche durch sie zum Ausdruck kommen. Ungerechtfertigte Drohungen dürften im Regelfall als negativ empfundene Wirkungen haben. Deutsch formuliert diese Auswirkungen treffend: „Der Nachteil besteht darin, daß Macht, von der ohne Zustimmung Gebrauch gemacht wird, leicht als Verletzung der persönlichen Rechte erfahren wird, besonders der Rechte auf Autonomie und Selbstachtung" (a. a. O., 129).
Die bloße Androhung einer Maßnahme im Konflikt kann eine momentane Abschreckung bewirken und damit ihren Zweck erfüllen. Wer häufig gegenüber denselben Zielpersonen Drohungen ausspricht, ohne den Gehalt der Drohung in die Tat umzusetzen, wird erkennen, daß bloße Drohungen nicht den erwarteten Erfolg erzielen. „Wenn Du das noch einmal tust, werde ich . . ." ist eine oft verwendete Androhung von Sanktionen, die im Regelfall ohne die gewünschte Wirkung bleibt. Als Konsequenz ergibt sich aus der Analyse der Drohungen, daß das Aussprechen einer Drohung weder aus der zweckrationalen noch aus der wertrationalen Perspektive als geeignetes Mittel der Konfliktlösung anzusehen ist. Vielmehr verbleibt

aus der Sicht einer rationalen Konfliktlösung die Notwendigkeit, auf Drohungen zu verzichten und statt dessen durch begründende und überzeugende Argumentation das Problem zu lösen.

Eine bekannte Konfliktstrategie: Viel fordern, um jedenfalls etwas zu erhalten

Man weiß in dieser Situation von vornherein, daß man seinen Willen und seine Vorstellungen nur zu einem Bruchteil durchsetzen kann. Die allgemeinen Machtkonstellationen sind mit klaren Grenzen abgesteckt, die den Beteiligten im Prinzip bekannt sind. Unter diesen Umständen schraubt man seine Forderungen hoch und gibt später, wenn man die entscheidende Phase der Verhandlung erreicht hat, ein deutliches Stück nach. So hat der Kontrahent das Empfinden, nicht völlig übervorteilt worden zu sein. Das Konfliktgespräch endet mit dem Eindruck auf beiden Seiten der Auseinandersetzung, mehr oder weniger oder im Prinzip einen Konflikt ohne Sieg und Niederlage überstanden zu haben.

Ein bekanntes Beispiel für die Anwendung dieser Konfliktstrategie ist die Art und Weise, in der die Tarifparteien der Arbeitgeber und Arbeitnehmer ihre Antagonismen austragen. Die Gewerkschaften und Berufsverbände fordern z. B. eine Lohn- und Gehaltserhöhung von 6 Prozent. Dabei wissen alle Beteiligten ziemlich genau im voraus, daß das Endergebnis irgendwo in der Mitte zwischen 0 Prozent und 6 Prozent liegen wird, vor allem dann, wenn für die Angehörigen des öffentlichen Dienstes im Haushalt bereits eine entsprechende Summe eingeplant worden und dieser Sachverhalt rechtzeitig in der Presse mitgeteilt worden ist. Der Aufwand des Tarifkampfes wird trotzdem getrieben, damit beide Parteien Gelegenheit erhalten, ihre Macht zu demonstrieren, ihren Durchsetzungswillen zu bekunden und ihre Identität und Daseinsberechtigung vorzuzeigen. Schließlich kann man bei dieser Gelegenheit auch die Öffentlichkeit davon überzeugen, daß man bereit ist, dem Widersacher nachzugeben, wenn man an dem psychologischen Punkt angekommen ist, der den Gipfel der Anspannung ausmacht und bei dem sich hier und da das Gefühl einstellt: Bis hierhin und nicht weiter! Sonst könnte die ganze Verhandlung in ein Chaos einmünden und alles bisher Errungene gefährdet werden. Ähnlich liegen die Dinge z. B. in einer Kaufverhandlung. Auch hier ist den Konfliktparteien daran gelegen, den Bogen nicht zu überspannen und sich trotz anfänglich stark divergierender Preisvorstellungen irgendwo im mittleren Feld zu treffen, so daß auf jeder Seite im Prinzip das Gefühl vorherrscht: Es handelt sich um ein Ringen ohne Sieg und Niederlage, an dessen Ende beide Konfliktparteien mit Recht auf das aus ihrer Sicht respektable Verhandlungsergebnis hinweisen können. Vermutlich wollen die Konfliktparteien nicht schon vorher auf das zu erwartende Ritual verzichten, auch wenn es für die unmittelbar Beteiligten anstrengend ist. Neben den genannten Begründungen spielt die Aussicht eine Rolle, den für später zu erwartenden geringfügigen Spielraum um das endgültige Verhandlungsergebnis herum zugunsten der eigenen Partei optimal ausnutzen zu können. Diese Möglichkeit würde man aus der Hand geben, wenn man bereits in der ersten Phase der Verhandlung unmittelbar auf die Mitte des Verhandlungsspielraums zugehen würde.

Zwei strategische Mittel im konfliktregulierenden Dialog: Die Zeit verstreichen lassen und die Zeit verknappen

Im Alltagshandeln gibt es eine Reihe von Regeln und Sprüchen, die darauf hindeuten, daß es zweckmäßig ist, die Zeit für sich arbeiten zu lassen (Kommt Zeit, kommt Rat usw.). Die Methode der Zeitgewinnung ist in einer überhitzten Streitsituation angebracht. Im Laufe der Zeit beruhigen sich temperamentvolle Dialogteilnehmer. Jeder hat Gelegenheit, bis zur nächsten Gesprächsrunde über eventuelle bisher begangene inhaltliche und taktische Fehler nachzudenken und gegebenenfalls sein Verhalten zu korrigieren. Haßgefühle können graduell neutralisiert oder teilweise abgebaut werden. In der Zwischenphase bis zur nächsten Diskussion lassen sich die bisherigen Gesprächspositionen neu überdenken und kreativ fortgestalten. Bühl formuliert treffend: „Konflikte müssen auf eine Fortsetzung des Spiels angelegt sein und nicht auf dessen Beendigung" (1973, 50). Ein Kontrahent darf daher nicht in zeitlicher Hinsicht „in die Ecke getrieben" werden. Vielmehr muß er Gelegenheit erhalten, in Ruhe und Besonnenheit über den Streitfall nachzudenken. Je mehr

jemand den Eindruck gewinnt, er habe sich im abgelaufenen Streit nicht in jeder Hinsicht akzeptabel und überzeugend verhalten, um so eher wird er im zeitlichen Ablauf bereit sein, schrittweise aus seiner bis dahin bekannten Position herauszutreten und Verhaltenskorrekturen vorzunehmen. Die Gewinnung von Zeit leistet der Lösung des Problems oder doch einer annehmbaren Regelung der Handlungsformen auf dem Wege der kleinen Schritte Vorschub.
Auf einer anderen logischen und moralischen Ebene liegt die umgekehrte Methode der Zeitverknappung. Sie dient dem eigenen Vorteil immer dann, wenn man das Gespräch für sich selbst gründlich vorbereitet hat, es in einer kurzen Zeitspanne abwickeln könnte und nun dem Widersacher wenig Zeit zum Überlegen einräumt, so daß eine Überrumpelung möglich ist. Eine solche Überrumpelungstaktik kann auch dazu führen, daß der Gegner die Inhalte des Gesprächs nicht völlig klar durchschaut. Von Überrumpelungstaktik kann auch dann gesprochen werden, wenn man den oder die Kontrahenten mit Vorschlägen überfällt, auf die diese nicht gefaßt sind, so daß sie als Unterlegene am Diskurs teilnehmen. Das moralisch wesentlich höher zu bewertende Gegenstück wäre die vorherige Bekanntgabe der eigenen Vorschläge, wie das im demokratisch orientierten Leben vielfach der Fall ist. Die Zeitverknappung ist als dysfunktionale Strategie der Konfliktregulierung anzusehen.

Eine besondere Taktik im Konflikt: Nachrichten durch einen Übermittler auf den Weg bringen

In einer brisanten Phase des Streites kann eine Meldung, z. B. eine Meinungsänderung oder totale Veränderung des früher geäußerten Standpunktes, an eine Person, Gruppe oder Organisation durch einen Übermittler kolportiert werden, von dem man mit Sicherheit weiß, daß er diese Mitteilung an den vorübergehend gemiedenen Kontrahenten weiterleiten wird. Im intergesellschaftlichen oder internationalen Konflikt wird eine Veränderung des bisherigen Standpunktes vielfach nicht durch direkten Notenaustausch, sondern auf dem Weg über Pressemitteilungen übermittelt. Die Vermeidung des unmittelbaren Kontaktes entspringt dem Bedürfnis, keine neue Spannungssituation herbeizuführen. Im Streitfall zwischen zwei oder wenigen Personen ist der Umweg einer Mitteilung vom Sender zum Empfänger über einen Nachbarn, Freund usw. als Übermittler weniger aufregend und anstrengend. Außerdem vermeidet man die Möglichkeit, den Kontrahenten durch Ungeschicklichkeiten im eigenen Verhalten, die man nicht immer und rundum unter Kontrolle hat, zu reizen und dadurch den Streit eventuell hochzuschaukeln. Die hier angesprochene Methode stellt gewissermaßen einen Versuch des Abtastens der Reaktion des anderen auf kleinen Umwegen und eine Art Pufferung eventueller Stöße von Kontrahent zu Kontrahent dar.

Ein Sonderfall dieser Taktik besteht in der Verbreitung eines Gerüchts, von dem man annimmt, daß es zu irgendeinem späteren Zeitpunkt einmal zu dem Ziel-Kontrahenten gelangen wird. Wenn man diese Form der Übermittlung einer Meinungsänderung oder -äußerung an den Maßstäben des sachlich orientierten rationalen Dialogs mißt, so kann man sagen, daß es sich hier um Kommunikationen im Vorhof der Rationalität handelt.

11. Kapitel

Blockade-Situationen für die Regelung soziokultureller Auseinandersetzungen durch Dialoge

In vielen Fällen ist es nicht möglich, Konflikte vernunftgerecht in einem absehbaren Zeitraum durch Gespräche oder Schriftwechsel zu regulieren. Wenn ein bestimmter Schwellenwert gegenseitiger oder einseitiger Reizungen überschritten worden ist, dann ist die Chance für eine vernunftgerechte Lösung des Konflikts vorerst nicht gegeben. Es gibt eine Reihe von gravierenden Kommunikationssperren, die den Eintritt in Gespräche oder deren erfolgreichen Fortgang grundlegend blockieren.

Bewaffneter Konflikt

Der Ausbruch eines gewaltsamen Konflikts z. B. in Form eines internationalen Krieges oder eines Bürgerkrieges ist für die Dauer mehrerer Monate oder Jahre als totale Kommunikationssperre für einen vernunftgesteuerten Dialog anzusehen. Während eines Krieges läuft die Kommunikation z. B. über vermittelnde Dritte oder über Flugblätter, die die politische Führung des Kriegsgegners angreifen, aber zur Bevölkerung ein Vertrauensverhältnis aufzubauen versuchen. Die direkte Kommunikation unter den Kriegsgegnern bewegt sich um den Nullpunkt herum. Während der rationale Dialog über die Grenzen hinweg zum Stillstand gebracht wird, treten Gefühle der Feindseligkeit in den Vordergrund, um die Kampfbereitschaft zu stabilisieren. Nach Beendigung des Krieges konzentrieren sich die grenzübergreifenden Kommunikationen auf gesinnungsgleiche oder -ähnliche Personen oder Gruppen. Beispiele sind Kontakte konservativer Gruppen über die Grenzen hinweg. Im Laufe der Zeit ist die totale Aufhebung der ursprünglichen Kommunikationssperren die Regel. Das Beispiel des Verhältnisses zwischen Deutschland und

Frankreich beweist, daß nach zwei vernichtenden Weltkriegen ein konstruktives Vertrauensverhältnis aufgebaut werden kann.

Völlig unterschiedliche Wertpositionen

Die Bewertungsmaßstäbe und Voraussetzungen sind so unterschiedlich, daß ein Konfliktgespräch in diesem Fall grundsätzlich keinen Boden hat. In solchen Fällen (Beispiel: sich anbahnende Ehescheidung) kann die mündliche Auseinandersetzung in die schriftliche übergehen, die dann unter Umständen durch einen Gerichtsprozeß abgelöst wird. Der Dialog beschränkt sich auf die unabdingbaren Mitteilungen, Stellungnahmen und Auskünfte. Es ist durchaus möglich, daß man sich aus dem Weg geht und eine Begegnung mit dem oder den Kontrahenten als geradezu unerträglich und psychisch schwer belastend empfindet. In solchen Fällen werden Lösungswege grundsätzlich nicht in Betracht gezogen, auch wenn hier und da gedanklich eine Wiederannäherung der Gefühle und Standpunkte durchgespielt wird, da die Dinge sich aus der Perspektive des zeitlichen Abstandes anders ausnehmen als in der Unmittelbarkeit der Konfliktsituation selbst.

Fehlende Toleranz und Aufnahmebereitschaft

Fehlende Toleranz und Akzeptanz können z. B. bedingt sein durch Differenzen zwischen den Generationen und Weltanschauungen, persönliche Antipathie ohne besondere Begründung, politisch-kulturelle Auffassungsunterschiede. So ist es denkbar, daß ein älterer Mensch nicht die Bereitschaft aufbringt, das Verhalten jüngerer Angehöriger zu billigen. Oder es heiratet die eigene Tochter einen Mann, mit dem der Vater oder die Mutter oder beide nicht einverstanden sind. Feindseligkeiten zwischen Verwandten, entstanden durch vermeintliche ungerechte Behandlung oder die Äußerung eines unbedachten, als beleidigend empfundenen Wortes können über viele Jahre andauern. Die Frage, „Haben Sie irgendwo in dieser Welt Feinde, auf die Sie keinen Wert legen?”, werden nicht sehr viele Menschen mit Nein beantworten können. Auf diesem Wege wird die sozialwissenschaftliche These bestärkt, daß Konflikte und Feindschaften ein integraler Bestandteil des Lebens sind und als Formen der Kommunikation angesehen werden müssen, als faktisch abgebrochene, gedanklich aber meistens weitergeführte Kommunikation. In den meisten Fällen dieser Art ist die gefühlsmäßige und erkenntnisbezogene Abstoßung so groß, daß der zum konfliktregulierenden Gespräch erforderliche „Funke" nicht überspringt.

Abgelehnte Konfliktstrategien

In diesem Fall wendet der Widersacher bestimmte Strategien an, die man selbst nicht gutheißt. Damit fallen die Voraussetzungen für einen vernunftgesteuerten Fortgang des Gesprächs weg oder verändern sich. Beispiel: A und B stehen über viele Jahre hinweg in einem guten Kommunikationsverhältnis. Im Zuge einer Erbauseinandersetzung entstehen unterschiedliche Bewertungsmaßstäbe. B droht mit der Einschaltung des Rechtsweges und wendet sich an einen Rechtsanwalt als Vermittler. A sieht diese Strategie als Vertrauensbruch an, weil nicht alle Möglichkeiten der internen Konfliktregelung ausgeschöpft worden sind, wie er meint. Eine langfristige Abkühlung der Beziehungen ist die Folge. Die sozialen Kontakte beschränken sich auf ein Minimum an Interaktionen.

Fehlende Kompromißbereitschaft

Die mangelnde Bereitschaft, dem Kontrahenten bei der Regulierung des anstehenden Problems ein Stück entgegenzukommen, kann zum Abbruch der Konfliktgespräche führen oder in eine andere Handlungsebene einmünden. Denkbar ist der Fall, daß einer der im Streit Befindlichen unter dem Einfluß des Gedankens an die volkstümliche Redewendung vom „faulen Kompromiß" glaubt, durch den Entschluß zum Kompromiß eine Einbuße seines Ansehens erleiden zu müssen. Im Eingehen in einen Kompromiß wird ein Identitätsverlust gesehen und die Gefahr gespürt, das „Gesicht zu verlieren". Um dieser als bedrohlich empfundenen Deformation der Persönlichkeit zu entgehen, wird der konfliktregulierende Dialog abgebrochen und nicht wieder aufgenommen.

Fehlende Bereitschaft, unterschiedliche Bedürfnisbefriedigungen zu ertragen

Die mangelnde Fähigkeit oder Bereitschaft, auch unter der Voraussetzung unterschiedlicher Befriedigung der Bedürfnisse und Erwartungen schwierige Phasen der Interaktion durchzustehen (mangelnde Ambiguitätstoleranz), kann zum Abbruch der Gespräche und Beziehungen führen. Es entsteht das Gefühl, so könne es nicht weitergehen, es müsse sich eine grundlegende Änderung der Situation ergeben, sonst sei das Zusammenleben oder die soziale Beziehung unerträglich. Die beschriebene Blockadesituation findet man z. B. in einer mehr und mehr in Zerrüttung geratenen Intimbeziehung, die als unerträglich empfunden wird. Dabei ist nicht zu übersehen, daß es von der Beschaffenheit der gesellschaftlichen Gesamtstruktur abhängt, bei welchem Grad an nicht gelungener Bedürfnisbefriedigung die Beteiligten beginnen, ihre Bindung als unerträglich zu empfinden. In einer Situation des Wiederaufbaus nach einem furchtbaren Krieg steht das Bedürfnis im Vordergrund, endlich wieder eine stabile Lebensordnung herzustellen. In einer solchen Lage denkt man möglicherweise nicht an Scheidung, wenn die Bindung einmal stark belastet wird. In einer normalisierten Gesamtsituation dagegen sind die Beteiligten wirtschaftlich unabhängiger voneinander als in einer übergreifenden Notsituation. Sie können daher in Zeiten extremer Konflikte eher zum Abbruch der Beziehungen neigen, vor allem dann, wenn man in großen Teilen der Welt aus verschiedenen Gründen relativ schnell den Scheidungsanwalt anspricht. Der Blick auf kollektive Verhaltensformen erleichtert den Abbruch der intimen Bindungen.

Schwindende Angriffs- und Abwehrkräfte

Im vorliegenden Fall werden die Kräfte für Angriff und Abwehr im Vollzug des Konflikts geschwächt. Der Kampf wird daher aufgegeben. Wenn die Kräfte nur auf der einen Seite geschwächt werden, hat die andere Seite Chancen für eine siegreiche Regulierung des Konflikts. Wenn beide Seiten gleichmäßig geschwächt werden, wird das Kräftegleichgewicht gewahrt.

Überdruß und Gleichgültigkeit

Die Grundlage für die Fortsetzung des Konfliktgesprächs schwindet in diesem Fall dahin, weil die Einstellung zum Widersacher zusehends durch Gleichgültigkeit geprägt wird. Zur Gleichgültigkeit kann sich der Überdruß gesellen: Man mag einfach nicht mehr mit diesem Menschen oder dieser Gruppe weiterstreiten. Daher wird der Dialog abgebrochen oder auf unbestimmte Zeit vertagt. Die Gleichgültigkeit kann auch mit der Erwartung verbunden sein, daß die Aussicht auf einen Konsens oder doch eine Annäherung so gut wie hoffnungslos ist.

Spiralförmiger Aufbau des Konfliktdialogs

Ein Wort gibt das andere. Jeder folgende Konfliktdialog ist leidenschaftlicher und heftiger. Die Intensität der Angriffe nimmt ebenso zu wie die Hartnäckigkeit der Verteidigung. Möglicherweise geht die Abwehr in einen leidenschaftlichen Gegenangriff über. Die Fronten verhärten sich von Dialog zu Dialog. Am Ende wird das Feld verlassen, auf dem Gespräche möglich sind. Die Gegnerschaft ist zur Feindschaft hochstilisiert worden. Die Chancen auf eine Annäherung sind sehr gering.

Völlige Verhaltensänderung eines Kontrahenten

Der Streit kommt zum Abbruch, weil ein Beteiligter seinem Handeln einen total veränderten Kurs gegeben hat. So kann z. B. ein Intimpartner sein Verhalten so intensiv ändern, daß der Partner nicht mehr bereit oder in der Lage ist, die Interaktion fortzusetzen. Möglich wäre hier die totale Beeinträchtigung des bisherigen Vertrauensverhältnisses durch Ehebruch oder Prügelei. Oder ein Parteiabtrünniger entfernt sich so weit von der Linie seiner Partei, daß er vom Parteigericht ausgestoßen wird. Die totale Verhaltensänderung führt in diesen Fällen zum Abbruch der Interaktion.

Umschlagen der Liebe in Haß

Liebe kann sich in bestimmten Fällen, vor allem in Situationen der bitteren Enttäuschung, in Haß umwandeln. Dieser Umwandlungsprozeß ist zugleich ein Anzeichen dafür, daß Liebe und Haß grundsätzlich sehr eng miteinander in Verbindung stehen. Die affektive Zuwendung, die für eine gewisse Zeit bestanden hat, nimmt die Gestalt des bitteren Hasses an, z. B. im Fall des Ehebruchs oder einer abgrundtiefen Enttäuschung.

Angst vor Repressalien

Der bisherige Kontakt zum Gegner wird gemieden. Der Streit ist derartig ausgeartet, daß man für den Fall der Fortsetzung der Konfliktgespräche Racheakte oder sonstige Formen der Feindseligkeit befürchten muß.

Räumliche Trennung

Im Fall der räumlichen Trennung, z. B. der Versetzung eines der Widersacher an einen entfernten Ort oder ins Ausland, wird der Fortgang der Streitgespräche verhindert. Das kann für streitende Arbeitskollegen ebenso zutreffen wie für Ehepartner, die getrennt leben, oder für politisch-kulturell Andersdenkende. Die Trennung kann mehr auf freiwilligen Entschluß zurückgehen oder mehr durch Sachzwänge bedingt sein, z. B. durch den Aufbau eines Zweigwerks der Firma, bei der man beschäftigt ist, im Ausland oder in einem entfernten Gebiet.

Reaktion auf eine als negativ empfundene Handlung

In diesem Fall wird das konfliktregulierende Gespräch deshalb nicht fortgesetzt, weil sich ein Beteiligter durch eine als negativ oder aggressiv empfundene Handlung eines anderen, z. B. eine körperliche Strafe, eine Ausnutzung als Mittel zu einem nicht anerkannten

Zweck oder eine heftige Beschimpfung, brüskiert fühlt und nun nicht länger bereit ist, mit diesem Gegner zu sprechen. Man verspricht sich zuwenig Gegenwert von einem weiteren Austausch der Gedanken und Gefühle.

Verschiedene kommunikative Ebenen

Hier kommt der Dialog deswegen zum Abbruch, weil man nicht länger aneinander vorbeireden möchte oder weil man nicht die Sprache des Kontrahenten spricht und seine Argumente nicht verarbeiten kann. Es ist denkbar, daß jemand im Vollzug der Kommunikation die inhaltliche Ebene ständig anders gewichtet als die Beziehungsebene, daß es ihm z. B. fast ausschließlich auf die Fortsetzung guter Beziehungen ankommt und daß daher inhaltliche Differenzen durch positive Gefühle übertönt werden und umgekehrt. Die kommunikative Nicht-Annäherung führt zum Auseinandergehen der Kontrahenten.

Abstoßungsgefühle infolge differierender Gruppensymbole und Einstellungen

Anlaß zum Weiterstreiten besteht hier deshalb nicht länger, da man sich von der gegnerischen Gruppe deswegen abgestoßen fühlt, weil deren Mitglieder z. B. eine bestimmte Kleidung oder sonstige Gruppensymbole tragen, die man nicht mag. Man weiß von vornherein, daß es wenig Zweck hat, mit Leuten von dieser Gruppe zu streiten, weil man doch nicht auf einen Nenner kommt, wie frühere negative Erfahrungen gezeigt haben.

Dazwischenkommen einer dritten Person

In diesem Fall tritt eine Abkühlung oder ein völliger Abbruch der Beziehungen durch das Hinzukommen eines Dritten ein. Der Dialog wird abgebrochen durch die veränderte Aktivität des bisherigen

Kommunikationspartners oder durch die bloße Tatsache des Hinzutretens der dritten Person, so daß z. B. eine Eifersuchtsreaktion ausgelöst wird.

12. Kapitel

Funktions- und Aktionsfelder für die Konfliktberatung

Beratung und Therapie sind Instrumente, die nicht ausschließlich auf Psychologie, Medizin usw. beschränkt sind, sondern die allmählich auch in die Bereiche der Sozialpädagogik, Soziologie und Sozialpsychologie vordringen. Der Begriff Sozialtherapie gewinnt zunehmend an Bedeutung. Er ist am ehesten angebracht, wenn ein Behandlungsplan vorliegt, zumindest ein differenziertes Konzept, das sich an einem rational diskutablen Modell orientiert. Die systemische Familientherapie im Sinne Andolfis (vgl. S. 119) kann als Übergang von der Psychotherapie zur Soziotherapie interpretiert werden, weil hier soziologische Theorie (Systemtheorie in Verbindung mit Interaktionismus und Alltagstheorie) in die Praxis umgesetzt wird. In vielen anderen Fällen dürfte der Begriff Beratung sinnvoll sein, sofern man nicht von Sozialarbeit spricht. Es wäre allerdings nicht schädlich, wen man den Begriff Sozialtherapie oder Soziotherapie auf Bemühungen um die „Verbesserung" sozialer Strukturen im Sinne einer Herstellung effektiver und akzeptabler sozialer Situationen auch im Bezugsfeld der verbalen Konfliktbewältigung ausdehnen würde, und zwar immer dann, wenn man die Schwelle des bloßen Verstehens, Beschreibens, Analysierens und Interpretierens einer sozialen Tatsache überschreitet und an „Eingriffe" denkt.

Sozialberatung und/oder Sozialtherapie gewinnen mehr und mehr an Bedeutung in den folgenden Funktions- und Aktionsfeldern:

1. Familie einschließlich der Familien mit Alleinerziehenden und sonstigen Alleinstehenden.
2. Gemeindearbeit, z. B. im Sozialamt oder Jugendamt.
3. Verbandsarbeit, z. B. im Paritätischen Wohlfahrtsverband oder in den Kirchen.
4. Psychiatrie, z. B. in kathartischen Gruppengesprächen mit psychisch Kranken.

5. Forensische Sozialtherapie, z. B. hinsichtlich der Betreuung von Inhaftierten oder bei Bewährungshelfern.
6. Soziotherapeutische Behandlung von Drogenabhängigen.
7. Sozialberatung im Betrieb, z. B. Personalführung.

Die Familie ist eine fundamentale Einrichtung für die Erziehung und Sozialisation des Kindes und Jugendlichen. Beratende oder therapeutische Eingriffe in Familien müssen von den allgemeinen historischen und soziologischen Kenntnissen über die Familie ausgehen. Über die Strukturen der Familienkonflikte z. B. in Form von Koalitionsbildungen informieren die Veröffentlichungen zur Familientherapie. Zahlreiche praktische Hinweise zur Ausführung der Therapie gibt z. B. das Buch „Die Bergers" (Napier/Whitaker 1986). In enger Verbindung zur Familientherapie und Familienberatung steht die soziotherapeutische Behandlung von Drogenabhängigen, die in vielen Fällen nicht den erforderlichen Rückhalt in ihren Familien finden oder gefunden haben. Die moderne Suchtkrankenhilfe (vgl. Geier 1986) nimmt den Suchtkranken nicht mehr nur als Individuum wahr, sondern als in Familie, Partnerschaft und Gesellschaft eingebunden. Die moderne Familientherapie sieht das der psychiatrischen Behandlung übergebene Familienmitglied als „identifizierten Patienten", als Sündenbock an, der als Katalysator für Störungen in den Beziehungen der Familienmitglieder, z. B. der Ehepartner, fungiert. In ähnlicher Weise muß die forensische Sozialarbeit Stützungsfunktionen für die Identitätsbildung Jugendlicher übernehmen, die die Herkunftsfamilie nicht zu leisten vermag. So muß Sozialarbeit in manchen Hinsichten Fehlerscheinungen der Familiensozialisation ausgleichen. Für die Gemeindearbeit sind Grundkenntnisse in der Familienerziehung und über die Kindheit und Jugend erforderlich. Die Arbeit in Verbänden und Organisationen erfordert spezielle Kenntnisse in der Soziologie der Organisation und der Bürokratieforschung. Systemtheorie und Handlungstheorie werden nutzbar gemacht für die „Personalführung und soziale Kontrolle" (Türk 1981). Die in den genannten Handlungsbereichen auftretenden Konflikte müssen in unterschiedlicher Form behandelt und ausgetragen werden. Die Konfliktregulierung ist kein eindimensionales Instrument, das auf alle Konfliktsituationen angewendet werden kann.

Literaturverzeichnis

Adorno, Th. W./W. Dirks, Hrsg.: Soziologische Exkurse. Frankfurter Beiträge zur Soziologie. Band 4. Frankfurt 1956

Adorno, Th. W.: Negative Dialektik. Frankfurt 1966

Albert, H., Hrsg.: Theorie und Realität. Tübingen 1964

Andolfi, M.: Familientherapie – Das systemische Modell und seine Anwendung. Freiburg ^{2}1985

Antons, K.: Praxis der Gruppendynamik. Göttingen/Toronto/Zürich ^{4}1976

Bach, R./P. Wyden: Streiten verbindet. Spielregeln für Liebe und Ehe. Düsseldorf/Köln ^{4}1977

Battegay, R.: Der Mensch in der Gruppe. Band 1. Bern/Stuttgart ^{2}1968

Blumer, H.: Der methodologische Standort des Symbolischen Interaktionismus. In: Arbeitsgruppe Bielefelder Soziologen, Hrsg.: Alltagswissen, Interaktion und gesellschaftliche Wirklichkeit. Reinbek 1973

Bühl, W. L., Hrsg.: Konflikt und Konfliktstrategie. München ^{2}1973

Dahrendorf, R.: Homo Sociologicus. Köln/Opladen 1964

Dahrendorf, R.: Konflikt und Freiheit. München 1972

Daigl, K. A.: Kleine Planspiele für Helfer. Freiburg 1988

Deutsch, M.: Konfliktregelung. München/Basel 1976

Eckhoff, T.: Die Rolle des Vermittelnden, des Richtenden und des Anordnenden bei der Lösung von Konflikten. In: E. E. Hirsch/M. Rehbinder, Hrsg.: Rechtssoziologie. Köln/Opladen 1967

Festinger, L.: Die Lehre von der „kognitiven Dissonanz". In: W. Schramm, Hrsg.: Grundfragen der Kommunikationsforschung. München ^{4}1971

Fisher, R./W. Ury: Das Harvard-Konzept. Frankfurt ^{3}1984

Freud, S.: Vorlesungen zur Einführung in die Psychoanalyse. London: Imago P. 1950

Freud, S.: Abriß der Psychoanalyse. Das Unbehagen in der Kultur. Frankfurt/Hamburg 1955

Galtung, J.: Institutionalisierte Konfliktlösung. In: W. L.Bühl, Hrsg.: Konflikt und Konfliktstrategie. München ^{2}1973

Galtung, J.: Strukturelle Gewalt. Reinbek 1975

Geier, R., Hrsg.: Suchtkrankenhilfe. Freiburg 1986

Gordon, Th.: Familienkonferenz. Hamburg 1972

Gordon, Th.: Lehrer-Schüler-Konferenz. Hamburg 1977

Habermas, J.: Theorie des kommunikativen Handelns. Frankfurt 1981

Heinichen, F. A.: Lateinisch-deutsches Schulwörterbuch. Leipzig/Berlin 1931

Kant, I.: Metaphysik der Sitten. Hamburg 1959

Klare, Th./Krope, P.: Verständigung über Alltagsnormen. München/Wien/Baltimore 1977

König, R.: Die Familie der Gegenwart. München ^{3}1978

Krysmanski, H. J.: Soziologie des Konflikts. Reinbek 1971
Lenzen, D./K. Mollenhauer, Hrsg.: Enzyklopädie Erziehungswissenschaft. Band 1: Theorien und Grundbegriffe der Erziehung und Bildung. Stuttgart 1983
Lewin, K.: Die Lösung sozialer Konflikte. Bad Nauheim 1975
Luhmann, N.: Soziale Systeme. Frankfurt [2]1985
Mangold, W.: Gruppendiskussion. In: R. König, Hrsg.: Handbuch der empirischen Sozialforschung. Stuttgart 1967
Mertens, W.: Erziehung zur Konfliktfähigkeit. München 1974
Moore, W. E.: Strukturwandel der Gesellschaft. München 1967
Napier, A. Y./C. A. Whitaker: Beispiel einer erfolgreichen Familientherapie. Reinbek 1986
Pareto, V.: Ausgewählte Schriften. Frankfurt/Berlin/Wien 1975
Parsons, T.: Beiträge zur soziologischen Theorie. Neuwied/Berlin 1964
Pikas, A.: Rationale Konfliktlösung. Heidelberg 1974
Platon: Sämtliche Werke. Band 4. Hamburg 1958
Popper, K. R.: Die Zielsetzung der Erfahrungswissenschaft; sowie: Naturgesetze und theoretische Systeme. In: H. Albert, Hrsg.: Theorie und Realität. Tübingen 1964
Rössner, L.: Sozialpädagogik. In: J. Speck/G. Wehle, Hrsg.: Handbuch pädagogischer Grundbegriffe. Band II. München 1970
Rogers, C. R.: Encounter-Gruppen. München 1974
Sack, F./R. König, Hrsg.: Kriminalsoziologie. Frankfurt 1968
Scheidt, F., Hrsg.: Lernziel Verständigung – Dialogprinzip und Dialogverhalten. München/Basel 1982
Schelling, Th. C.: Versuch über das Aushandeln. In: W. L. Bühl, Hrsg.: Konflikt und Konfliktstrategie. München [2]1973
Schiedeck, J.: Von der Fürsorge zur Sozialtherapie. Unveröffentlichte Dissertation. Pädagogische Hochschule Kiel 1985
Schneider, H. D.: Kleingruppenforschung. Stuttgart 1985
Schwäbisch, L./M. Siems: Anleitung zum sozialen Lernen für Paare, Gruppen und Erzieher. Reinbek 1974
Selg, H.: Menschliche Aggressivität. Göttingen 1974
Shaftel, F. und G./Ch. und W. Weinmann: Rollenspiel als soziales Entscheidungstraining. München [2]1974
Shure, M. B./G. Spivack: Probleme lösen im Gespräch. Stuttgart 1981
Simmel, G.: Soziologie. Berlin 1958
Sykes, G. M./D. Matza: Techniken der Neutralisierung: Eine Theorie der Delinquenz. In: F. Sack/R. König, Hrsg.: Kriminalsoziologie. Frankfurt 1968
Türk, K.: Soziologie der Organisation. Stuttgart 1978
Türk, K.: Personalführung und soziale Kontrolle. Stuttgart 1981
Wassermann, R.: Zur Soziologie des Gerichtsverfahrens. In: W. Naucke/P. Trappe: Rechtssoziologie und Rechtspraxis. Neuwied/Berlin 1970
Watzlawick, P./J. H. Beavin/D. D. Jackson: Menschliche Kommunikation. Bern/Stuttgart/Wien 1974

Weber, M.: Gesammelte Aufsätze zur Wissenschaftslehre. Tübingen 1951
Weingarten, E./F. Sack/I. Schenkein, Hrsg.: Ethnomethodologie. Frankfurt ^{2}1979

Glossar

Alternative	andere Wahlmöglichkeit
Ambiguitätstoleranz	Durchhalten in schwierigen Lagen, etwa bei unterschiedlicher Bedürfnisbefriedigung
Annihilation	Vernichtung
Äquivalent	Gleichwertigkeit
Assoziierung	vertraglicher Zusammenschluß mehrerer Personen
Deformation	Beeinträchtigung der Form
deterministisch	die Lehre von der ursächlichen Vorbestimmtheit allen Geschehens betreffend
Disputant	jemand, der an einer Auseinandersetzung beteiligt ist
dysfunktional	den reibungslosen Ablauf störend
Empathie	Bereitschaft, sich in die Lage anderer hineinzuversetzen
Equilibrium, Äquilibrium	Gleichgewicht
funktionale Alternative	andere Möglichkeit, die das Funktionieren nicht behindert
generativ	die Erzeugung betreffend
handlungstheoretisch	Nachdenken über das Handeln eines Menschen
heterogen	uneinheitlich
Homöostase	Gleichgewicht
Hypothese	Vermutung, zunächst unbewiesene Annahme
idealtypisch	modellhaft, indem einige Züge einer Erscheinung besonders hervorgehoben werden
Identifikation	emotionales Übereinstimmen mit einer Person oder Gruppe
Identität	die als „Selbst" empfundene innere Einheit der Person
ideologisch	ein Ideenbündel betreffend, das durch falsches Bewußtsein gekennzeichnet ist
imperatives Mandat	Bindung eines Abgeordneten an den Auftrag seiner Wähler
Individuation	Entwicklung des Selbstbewußtseins im Sinne der Ausprägung der dem Individuum innewohnenden Möglichkeiten
Innovation	Erneuerung

Institutionalisierung	gesellschaftlich anerkannte Einrichtung
Integration	Unversehrtheit, Wiederherstellung eines Ganzen
Intention	zielorientierte Absicht
interaktionistisch	Man orientiert sich an der Bedeutung der Zeichen (z. B. Sprache), mit denen man sich verständigt
intersubjektiv	von verschiedenen Personen nachvollziehbar
intersystemisch	die Ebene von System zu System betreffend
Intervention	Eingriffe, Vermittlungen
intrapsychisch	innerseelisch
Investition	Überführung von Geld in Sachgüter im Sinne von Erweiterung des Anlagevermögens
kathartisch	die Befreiung von inneren Spannungen betreffend
klientenzentriert	auf die Probleme und Bedürfnisse der therapeutisch behandelten Person bezogen
Kommunikation	Einheit aus Information, Mitteilung und Verstehen der Mitteilung (N. Luhmann)
kommunikative Kompetenz	Fähigkeit zum Austausch von Mitteilungen
Komplexität	Vielgestaltigkeit, Vielschichtigkeit
Konsens	Übereinstimmung
kontingent	auch anders (N. Luhmann)
Kontrahent	Gegner im Streit
legitim	rechtmäßig, gesetzlich anerkannt
meliorativ	verbessernd
modus vivendi	Form eines erträglichen Zusammenlebens
monokausal	aus einer einzigen Ursache heraus entstanden
Neutralisierung	Rechtfertigung, Selbstbeschwichtigung
normabweichend	von der allgemeinen Verhaltensvorschrift abweichend
Ontologie	Lehre vom Sein
operationalisieren	Begriffe präzisieren und standardisieren durch Angabe der einzelnen Arbeitsschritte
Option	freie Entscheidung
originär	ursprünglich
Paroxysmus	anfallartige Steigerung bestehender Beschwerden
pathologisch	krankhaft
Pendant	ergänzendes Gegenstück
Prätention	Anspruch
Projektion	Man schreibt einem anderen Eigenschaften zu, die man selbst hat

Protagonist	Hauptdarsteller
rational	von der Vernunft bestimmt
Repressivität	Unterdrückung
Reproduktion	Wiedererzeugung im Sinne von Erhaltung
rigid	unnachgiebig, starr
Rollendistanz	Die in einer Rolle liegenden Erwartungen werden erfüllt, indem der mit der Inhaberschaft verbundene Spielraum interpretativ ausgenutzt wird
sensibilisieren	empfindlich machen
Signifikanz	Bedeutsamkeit
stereotyp	feststehend, unveränderlich, starr
Stigmatisierung	Zusprechen negativ bewerteter Merkmale, brandmarken
Strukturfunktionalismus	Man erklärt vom Aufbau des sozialen Gefüges (Struktur) her und untersucht die Aufgaben und objektiven Folgen (Funktionen)
Subjektivismus	das Subjekt, das Ich, ist das zuerst Gegebene
Substitut	Ersatzmittel
Suggestion	gefühlsmäßige Beeinflussung
Systemische Familientherapie	Alle Mitglieder der Familie werden in die Therapie einbezogen
Systemtheorie	Im Vordergrund der Betrachtung steht das gesamte soziale Gefüge, das System
teleologisch	zielgerichtet
transzendentale Apperzeption	begrifflich urteilendes Erfassen von Denken überhaupt
Überkompensation	gegensteuerndes Ausgleichsverhalten
utopisch	das nicht hier in der Wirklichkeit Vorfindbare betreffend
zentripetal	zum Mittelpunkt hinstrebend

Zum Autor

Dr. Johann Dieckmann, Professor; Studium an der Pädagogischen Hochschule Kiel sowie an den Universitäten Kiel, Frankfurt und Köln mit den Fächern Soziologie, Philosophie und Psychologie. Tätigkeit als Lehrer an mehreren Grund- und Hauptschulen. Professor für Soziologie an der Pädagogischen Hochschule Kiel. Tätigkeitsfelder: Soziologie der Bildung und Erziehung, Soziologie des Konflikts, soziologische Theorie. Publikationen: Spezialisierung im Lehrerberuf (mit Dr. Paul Lorenz); Pädagogische Soziologie (mit Dr. Paul Lorenz); Gesellschaftswissenschaftlicher Unterricht (mit Prof. Dr. Dietmar Bolscho); verschiedene Aufsätze.